CATILINA

Drame en 3 actes, en vers

par

ANDRÉ LEBEY

1922

Du MÊME AUTEUR :

Vient de paraître

Les 7 Idées des 7 Dîners des 7

Poèmes

Sur une route de Cyprès.

Sur une route de Peupliers.

Coffrets étoilés.

Roman

Une Dame et des Messieurs.

Essais

Sur la route sociale, 2 vol.

A la même Librairie :

La Franc-Maçonnerie Française de demain.

L'Esprit de l'Enseignement nouveau.

Va paraître :

Jean de Tinan, avec lettres inédites (Floury).

LIBRAIRIE DELESALLE

16, Rue Monsieur-le-Prince -:- PARIS

CATILINA

Drame en 3 actes, en vers

de *M. André LEBEY*

Aujourd'hui, l'Empereur lisait dans l'histoire romaine la *Conjuration de Catilina* : il ne pouvait la comprendre telle qu'elle était tracée. Quelque scélérat que fut Catilina, observait-il, il devait avoir un objet...

Mémorial de Sainte-Hélène (22 mars 1816).

PERSONNAGES

Aurélia ORESTILLA, 30 ans.
DOMITILLA, 25 ans.
CATILINA, 37 ans.
CICÉRON, 39 ans.
CÉSAR, 24 ans.
LENTULUS, 40 ans.
CURIUS, 23 ans.
CRASSUS, 40 ans.
CICADA, 25 ans.
TULLIE, 21 ans.
STORAX, 30 ans.
CLINIUS, 38 ans.
AURÉLIUS, vieillard à barbe blanche, 80 ans.
LE DENDROPHORE, 50 ans
MARCUS, 30 ans.

PREMIER ACTE

« *Spes reliquae dignitatis.* »
Salluste. Cat. 35.

(*L. Catilina à Q. Catulus, salut:* « *Ton amitié éprouvée, qui m'a toujours été précieuse, m'assure que dans mon malheur tu écouteras ma prière. Je ne veux point justifier le parti que je viens de prendre. Ma conscience ne me reproche rien, et je veux seulement t'exposer mes motifs que, certes, tu trouveras légitimes. Poussé à bout par les injustices et les insultes de mes ennemis, privé de la récompense due à mes services, enfin désespérant d'obtenir jamais la dignité à laquelle j'avais droit, j'ai pris en main, selon ma coutume, la cause commune de tous les malheureux. On me représente comme entraîné par mes dettes à cette audacieuse résolution. C'est une calomnie. Mes biens personnels suffisent pour acquitter mes engagements, et l'on sait que, grâce à la générosité de ma femme et de sa fille, j'ai fait honneur à d'autres engagements qui m'étaient étrangers. Mais je ne puis voir de sang-froid des hommes indignes au faîte des honneurs, tandis qu'on m'en écarte, par de vaines accusations. Dans l'extrémité où l'on m'a réduit, j'embrasse le seul parti qui reste à un homme de cœur pour défendre sa position politique. Je voudrais en écrire davantage, mais j'apprends qu'on prépare contre moi les dernières violences. Je te recommande Orestilla et la confie à ta foi. Protège-là, je t'en supplie par la tête de tes enfants. Adieu!* »

***

La maison de Catilina. Au fond, en face, la porte, qui laisse voir un décor de Rome quand elle s'ouvre. Au milieu, bassin mosaïqué d'or au milieu du plancher mosaïqué violet. Des sièges, incrustés d'ivoire, noirs et rouges. Des colonnes doubles un peu avant la porte, des deux côtés de celle-ci, entre lesquelles, au lever du rideau, une étoffe pourpre tirée masque son bronze vert.

SCENE I

AURÉLIA ORESTILLA

Ainsi, Domitilla, tu crois qu'il m'aime encor?

DOMITILLA

Vous savez bien, Madame, au besoin par vous-même,
Ce qui reste de feux après les flammes d'or
Au bûcher de Vénus quand l'aube du poème
Meurt vers son crépuscule au point qu'il semble mort;
Plus d'un tison survit, en secret, sous la cendre;
Il suffit d'un espoir, d'un mot qu'on croit entendre
Et l'aile inattendue évente le foyer
D'un vol si caressant que le feu va reprendre
Même quand il hésite au point de retomber.

AURÉLIA ORESTILLA

Je crains ta complaisance. En moi pourquoi flatter
Le penchant douloureux qui, sans fin, me ramène
Au trop perfide époux dont je me crus la reine?
Derrière les grands mots dont sa bouche est prodigue,
N'ayant jamais connu que l'orgueil et l'intrigue,
Je le vois, près de moi comme envers ses amis,
Rapide à démentir ce qu'il avait promis.

DOMITILLA

Oubliez-vous que vous aussi l'avez trahi?

AURÉLIA ORESTILLA

Tais-toi! Je souffrais tant de le savoir à d'autres
Que ma fièvre était triste, et qu'au fond de ma faute
La vengeance perdait le meilleur de son prix.
C'était son souvenir que je cherchais sans lui.

DOMITILLA

Qui vous dit que lui-même endormait autrement
L'horreur de vous savoir aux bras de votre amant?
Pour un maître si fier, entouré d'ennemis,
Le mal est plus cruel, je le sens, que pour vous;
Si vous étiez sa femme, il reste votre époux.

AURÉLIA ORESTILLA

Comme tu le défends avec mélancolie!
Soit! Mais lui m'oubliait au lit de l'adultère;
Il ne me cherchait pas contre l'aventurière;
Chaque nudité neuve enchantait son envie
Sans même qu'un regret lui parle d'Aurélie,
Tout à ses changements, heureux d'y rencontrer
Quelque charme inconnu qui, sans se faire aimer,
L'amenait néanmoins vers l'obscure tendresse
Qui germe au cœur de l'homme, hélas! pour la maîtresse .
Dont l'art dans le plaisir où elle est passagère
Débarrasse du cœur au fond de la matière.
Nous autres, tu le sais, malgré que nous trompons,
Même quand chante en nous toute une victoire,
Ne sommes point ainsi que nous le laissons croire
Et ce n'est pas toujours tant même le frisson
De ce plaisir lui-même, en lui, que nous cherchons;
Nous rêvons que plus loin son onde nous ramène
Vers l'Amour éternel qui fait la race humaine
Toute de joie au flot de son propre abandon;
Heureusement pour nous, l'homme, trop négligent,
Ignore le pouvoir des deux bras d'un amant,
Et comme à s'y blottir nous nous y retrouvons...

DOMITILLA

Il vous faudrait, Madame, un dieu pour échanson!
A travers les combats dont Rome est le théâtre.
Catilina ne peut jouer le rôle du pâtre
Qui la flûte à neuf trous aux lèvres, sous ses doigts.
Auprès d'une fontaine, arcadien d'autrefois,
Rythmerait à vos pieds les chants de la Nature. .

AURÉLIA ORESTILLA

Il préfère changer l'objet de l'imposture
Car il trouve le temps quand la femme lui plaît

DOMITILLA

Le croyez-vous vraiment?

AURÉLIA ORESTILLA

Ton décor bucolique
Ne lui importe alors pas plus que la musique!
L'eau d'un jardin secret vaut la source immortelle
De la fontaine vaine et, mieux qu'un sycomore.
L'ombre d'une colonne au fond d'un vieux palais
Le dissimule assez pour cueillir les seins frais
De telle jeune fille où sa luxure adore
Ce qu'elle cherche en lui et qu'elle-même ignore..
Mais je me crois ailleurs, jadis, aux temps anciens.
Nulle n'a préservé, si jeune qu'elle soit,
Ce que son amant seul, dans sa fougue ou sa ruse.
Feint qu'elle garde encore, et chacun d'eux s'abuse
Pour mieux trahir l'Amour en subissant sa loi.

DOMITILLA

Vous sauriez donc son nom?

AURÉLIA ORESTILLA

Tu mens, décidément!
Comme si Rome entière ignorait que l'amant
De Tullie est l'ennemi même de son père!

SCENE II

CATILINA, (*entrant brusquement, repoussant d'un coup, en partie, le rideau du fond, de la salle*)

C'est toi qui mens, sans cesse, afin de vouer au fer
Un époux outragé qui n'a que trop longtemps
Cru pouvoir te confier son cœur et ses tourments !
Cesse donc d'écouter la sombre jalousie
Qui te fait m'en vouloir d'avoir vu dans ta vie.

AURÉLIA ORESTILLA

Prends garde !

CATILINA

Arrête-toi ! Ce serait trop d'amour !
L'heure en est éloignée en nous deux, sans retour !
Puisque tu ne veux voir au fond de ma poitrine
Qu'afin d'y mieux placer les traits que me destine
Ton arc sombre où les flèches partent, tour à tour,
L'une de ton désir, l'autre de la colère,
Cesse de m'être ainsi fatale et tutélaire.
Qui sait si vers nos pas sur les routes humaines
Le Temps n'est point compté par les soins de la Haine ?
Elle rôde sans fin autour de ma personne,
Ses réseaux sont tissés, sa trame m'environne,
Et, d'un moment à l'autre, en dépit de mes soins,
Le glaive peut toucher le fil de mon Destin.

AURÉLIA ORESTILLA

Cruel, n'est-ce pas moi, mieux que toute autre femme,
Qui saurait vous aider à retrouver votre âme ?

CATILINA

Pourquoi n'avez-vous pu toujours la demeurer ?
Quant à mon âme, hélas ! à force d'abuser
D'elle autant que de moi, vous me l'avez perdue...

AURÉLIA ORESTILLA

Sergius !

CATILINA

Ou fait mourir contre votre peau nue.
Plus, certes, que le cœur incertain qu'elle pare
D'une beauté dont nul ne vous connut avare...

AURÉLIA ORESTILLA

Qui pourrait supporter une pareille offense ?

CATILINA

Intacte dans sa foi, certaine de sa vie,
Celle qui la saurait erronée, Aurélie.

AURÉLIA ORESTILLA

Chimérique vertu d'un être sans souffrance
Déjà mort au cercueil de son propre silence !

CATILINA

Pourquoi m'avoir menti ? J'aurais tout pardonné.

DOMITILLA (*qui a reculé depuis le début vers le fonds de la scène*)

Madame, permettez que votre esclave parte...

AURÉLIA ORESTILLA (*qui n'entend pas et le laisse partir*)

Parce que votre faute a voulu que j'écarte,
Peu à peu, cette épouse au cœur trop indompté
Dont vous ne vouliez plus ce qu'elle avait été !

CATILINA

Vous ajoutez toujours à votre vérité
Même quand à servir vos desseins et vos vœux,
Elle a déjà fardé son masque le plus bleu.
Je n'ai jamais pensé que je pusse être heureux
Sans atteindre le cœur jusqu'en la volupté,
Mais les ans ont lassé cette juste exigence
Rançon des cœurs virils, qui fait votre défense !
Laissez-moi vous avouer qu'aucun homme, peut-être,
N'est moins, autant que moi, ce qu'il laisse paraître,
Et qu'au long de ma vie où rien n'a survécu
Des rêves les plus chers, je n'ai jamais voulu
Ni cherché, pour répondre au secret de moi-même,
Qu'une femme fidèle que j'aime et qui m'aime...
(*On entend comme frapper à la porte.*)

AURÉLIA ORESTILLA

Vous l'aviez toute à vous.

CATILINA

Je l'ai fort longtemps cru.

SCENE III

LENTULUS (*entrant et saluant vite*)

Excusez-moi, Madame, et vous, seigneur, pardon !
On heurte d'un pommeau bien lourd à la maison,
Comme si les faisceaux des licteurs étaient là.

CATILINA

Que m'importent ici les consuls ou les dieux !
Ne puis-je même pas me sentir malheureux,
Terrassé sous mes maux, penché sur mon destin,
Pour remonter son cours, surprendre quel matin
J'ai rencontré la nuit en cherchant la lumière ?
(*On entend, cette fois, nettement, le coup frappé.*)
Au bronze de ma porte, ici, comme au Sénat
C'est bien le même bruit... Ainsi la vie ausculte
D'un maillet ténébreux le cœur qui, pour son culte,
A son plus pur autel s'agenouillait déjà.

AURÉLIA ORESTILLA

La hache du Consul cherche Catilina.

CATILINA (*à Lentulus*)

Je n'ai peur ni de lui, ni de personne au monde !
Ouvre-lui lentement, et, puisque, sous mon toit,
Il s'en vient, précédé des signes de la Loi
Afin de m'honorer jusque dans sa façon,
Puisqu'il faut parler vrai, va dire à Cicéron
Que nul à Rome encore, hélas ! autant que moi
Ne respecte et ne veut la majesté romaine
Auguste dans sa pourpre haute, souveraine.
(*Il sort avec Aurélie. Lentulus tire tout à fait la draperie du fond. La porte, tout au bout du décor, apparaît. Les esclaves viennent et l'ouvrent. Les licteurs entrent, suivis de Cicéron.*)

SCENE IV

LENTULUS (*tandis que Cicéron avance lentement sur la scène*)

Je suis chargé, Seigneur, d'accueillir en ces lieux
Celui que ses talents rendent l'égal des Dieux.
Catilina, mon maître, heureux de votre honneur,
Va venir sur-le-champ. Mesurez son grand cœur,
S'il m'est permis, du moins, de dire ma pensée,
A ce qu'y entretient une ambition brisée
Sans cesse par l'enjeu de la guerre civile
Où la plèbe indécise, et qui reste servile,
Tout en se déchaînant vers plus de liberté,
Ne sait pas que son choix façonne la cité.
Qui pourrait se vanter de ne l'avoir séduite
Que vers le bien de tous et pour la vérité ?
Et si Catilina, semblable à vous, mesure
Son mérite éclatant au jeu de l'aventure,
Il ne peut que souffrir de ne pas servir Rome
Au poste où tous le voient, où chacun le renomme,
Car même vous, Seigneur, vous savez qu'il est grand.

CICÉRON

C'est parce qu'il est tel que Rome s'en défend....

LENTULUS

Mais l'adopte, Seigneur, et déplore en secret
Que d'autres, tels que vous-même, ne l'aient point fait !
Je sais ce qu'on peut dire ou ce qu'on imagine,
Car on devient souvent celui que l'on dessine
A force de ne pouvoir être ce qu'on est,
Mais excusez en moi mon audace ou mon zèle,
Ils viennent d'un cœur juste, qui se croit fidèle
Aux mânes de la Louve ainsi qu'à l'amitié. —
Catilina, d'ailleurs, s'en vient de ce côté.

CICÉRON

Je rends à l'Amitié l'hommage qu'elle appelle
Et je n'oublierai pas ce qu'elle a murmuré.
J'estime Lentulus de lui rester fidèle
Et dans Catilina ce qui l'a suscitée. —
Ecartez les licteurs, je veux lui parler seul.

(*Lentulus s'incline en faisant un signe aux licteurs; tout le monde s'éloigne, tandis que Catilina entre.*)

SCENE V

CATILINA

Salut à Cicéron !

CICÉRON

Salut, Catilina !

CATILINA

Que ma maison soit tienne, ô Consul légitime,
Même si ta visite appelle une victime,
Devrais-tu dans ces murs la perdre sans éclat
Et du fuseau légal lui préparer déjà
Autour des lourds faisceaux qu'il affronterait seul,
Secrètement vainqueur, le lin de son linceul !

CICÉRON

Pourquoi tant de méfiance ou, plutôt, dans ta bouche
Cette menace obscure au sourire farouche?

CATILINA

Il n'est plus d'ironie au fond de ma douleur
Quand celle-ci sait trop jusqu'où va son malheur.

CICÉRON

Quel étrange langage et combien il m'étonne!

CATILINA

C'est que tu n'as pas su comprendre ma personne.

CICÉRON

Crois-tu? Je le sais trop, justement, pour te suivre.

CATILINA

L'or fin de Cicéron est trop pur pour mon cuivre?
Voilà l'insulte même accrochée à ma gloire
Et dont l'aile de plomb écrase ma victoire!

CICÉRON

Alors, arrache-la, dépasse son arrêt!
Prouve au monde étonné, conquis, qu'il se trompait;
Montre un Catilina lavé de cette entrave,
Aussi blanc que sa robe au sang du laticlave,
Si certain...

CATILINA

Que toi-même — ici je t'interromps
Dirait que le laurier n'est pas pour un tel front.

CICÉRON (*approchant de lui*)

J'étais venu vers toi te prouver le contraire.

CATILINA

A ton tour, détournant mon ancienne colère,
Tu suspends, dans mon cœur, jusqu'à ma certitude.

CICÉRON

Accordons-nous, au moins, pour cesser ces préludes.

CATILINA

Parle donc. Je t'écoute. Si ta langue amère
Dont tu manias toujours contre moi l'excellence
Mêle enfin quelque miel à sa vaste éloquence,
Je serai trop charmé pour ne te croire un peu!

(*Il lui désigne un siège.*)

CICÉRON

Je regarde en toi-même et je cherche tes yeux
Afin de pénétrer le destin mystérieux
Qui veille en sa prison, comme au fond d'un tombeau,
Ton front fait pour passer sous des porches nouveaux.
Pourquoi te révolter contre ce qu'il faut être,
Fouler aux pieds les liens, les lois, les dieux, les prêtres,
Perdre le souvenir de ce qu'on a été,
Détruire l'avenir en niant le passé,
Insulter au Destin, presque, en y échappant
Et, du soc d'un orgueil au fer trop éclatant,

Enfoncé sans tendresse aux champs de la Patrie,
Mettre en cause, pour ta gloire, jusqu'à sa vie?
D'où vient la volonté de cet acharnement?
Quel sombre plan te tient? Et cette aigle d'argent
Qu'au fond de ta demeure, en secret, tu implores.
Qu'est-elle donc, pour ne pas t'avertir encore?
Tes projets personnels, tu ne peux en douter.
Ruinent le sanctuaire où grandit la cité,
Car ton courage même, à ne servir qu'au crime.
Détournant la vertu de son but légitime
Qui est de ne servir que ce qu'elle consent,
Afin que l'action même augmente son élan,
Outre l'exemple atroce, hélas! qu'elle décore,
Attire l'ambition de tous les mécontents,
Plus forte du tourment pressé qui les dévore.
Ainsi, porté par ceux que tu as suscités,
Sur la route du Mal tu ne peux t'arrêter
En capitaine noir aux sombres bataillons
Qui te poussent sans fin vers d'autres horizons
Que tu ne choisis plus, plus obscurs à mesure
Que leur nombre grossit et que votre aventure,
A force de grandir contre l'ordre accepté,
Les contraint, sous ta main, un jour, à s'y heurter.
Ne dis pas non; je sais comme on mène les hommes,
Malgré tous les discours, l'épée et ce qu'on nomme,
Quand on l'ignore encore — heureux jours! — le Pouvoir.
Mais par delà ces maux que la plèbe renomme.
Ensuite, en les drapant des longs draps de l'Histoire,
Qui nous jettent tous deux chacun de son côté,
Laissant mon verdict même et ce qu'il a cru voir.
Seul en face de toi que je regarde en frère —
En cet instant, crois-moi — je voudrais bien savoir
Que tout en toi t'absout et, si ton âme flère
Ne se suicide pas elle-même, en secret,
Par quelque lourd poignard de doute ou de regret.
Vers quel nouveau malheur à l'incertaine rive
Ton ambition t'entraîne, errant, à la dérive,
Contre toi-même, au lieu, Sergius, que tu pourrais
Au milieu de la route où tu te reprendrais,
Te retrouver près de ta noblesse native,
Heureux de la servir d'un foi attentive.
Ou bien, si ton esprit, pénétré de lui-même,
Ne sait voir que soi seul à travers le problème
Des êtres et du monde offerts à son étude,
Comprends alors au moins que dans ta solitude
Tu ne saisis plus rien de tout ce qui la nie,
Au-dessus du présent, au delà de la vie.

CATILINA

Tu parles bien, toujours.

CICÉRON

Je voudrais parler mieux
Pour émouvoir ton cœur où se survit un dieu.

CATILINA

Que j'aimerais te croire et répondre à tes vœux!
Il est plus d'un sentier dans l'âme d'un Romain.
Encor que sur sa route seul il ait la main

Tendue à qui le suit, heureux ou malheureux.
Consul, serais-tu sûr d'avoir toujours raison?
Le doute n'a jamais ondulé ta moisson?
Et, quel que soit le temple où ta volonté veille,
Elle escompte le bien que couve sa merveille?
Reçois mes compliments, pontife magnanime,
Certain de demeurer sur la plus haute cîme,
Même quand la valeur de ta propre fortune,
Pour qu'elle monte encor, se doit d'être opportune,
Quitte à rogner, un jour, le bloc de son principe?
Je t'admire vraiment et je te voue un cippe
En ce jardin secret que tu voudrais connaître
Et qui ne reste clos que pour aider son maître.

CICÉRON

J'ai quitté vers ton cœur pour le mieux approcher
La pourpre du consul; sur ton seuil j'ai penché
La hache et les faisceaux, l'appareil du Sénat;
Je parle à l'homme par delà Catilina.
Fais de même. Abandonne enfin ton persiflage
Puis laisse-toi revivre avec plus de courage
Dans ta nature vraie, et substitue à moi,
Si Cicéron te gêne en irritant ta rage,
Celui qui se voudrait pour toi comme un vieux mage.

CATILINA

Où veux-tu en venir?

CICÉRON

A ta sincérité!
Tu sais bien que ta vie est un perpétuel crime
Contre tout ce que l'homme, en tout, doit respecter
Et que toi-même en est la première victime,
Puisque tu ne pourras jamais y triompher.

CATILINA

Tu le crois.

CICÉRON

J'en suis sûr et voudrais t'en convaincre.
Il ne s'agit pas tant dans la lutte de vaincre
Que de se prouver tel qu'il faut être qu'on soit;
Ce n'est pas pour soi seul qu'on dépasse les rois.
Mais en servant partout la cause juste et sainte
Dont la pure origine et la durable empreinte,
A la longue dans nous et sur terre effacées,
Sont ainsi peu à peu pour tous ressuscitées
Et revivent enfin, inscrites, à la fois,
Aux temples par les Dieux, au Sénat par les lois.
N'as-tu pas pressenti, par delà ton orgueil,
L'éternel inconnu qui, sur la terre en deuil,
D'une science plus haute a, pourtant, propagé
Ce qui aurait dû être et qui n'a pas été?
Le préserver toujours dans la réalité
A travers tous les maux vaincus par son bienfait,
Tel notre rôle doit être et tel il serait
Si nous avions gardé notre âme moins déserte.
Mais non, sombre génie acharné à ta perte
Tu suis ton dur chemin inexorablement.
Ne croyant plus à rien, tu ne crois qu'à toi-même
Et tu vas jusqu'au soir du désordre sanglant

Où nous verrons, maudit, au deuil de nos emblèmes,
Catilina debout sur Rome dévastée.

CATILINA

Catilina sauveur de Rome délivrée !

CICÉRON

N'étant pas son héros, pourquoi la conquérir ?

CATILINA

A force de sonder par toi seul l'avenir,
Tu te trompes, consul, et te mens à toi-même.
Entends ici plutôt qui cherche à t'avertir !
Ce n'est pas tant pour moi qu'il me faut le diadème
Que pour recréer l'ordre et, dans la République,
Mettre au profit de tous la cause qu'elle implique,
Elle seule me guide, et tant pis pour celui
Qui ne voudrait pas voir que le peuple y conduit !
Si j'ai, par votre faute à tous, masqués sans trêve,
Contre moi qui voulait vous associer à lui,
Dépassé l'horizon que me fixait mon rêve,
Vous ne payerez pas seuls la criminelle erreur
Qui détermine Rome à faire son malheur
A force d'ajourner par égoïsme impie
Des lois qui lui rendraient sa véritable vie.
Derrière tes grands mots, puisque nous nous parlons
Selon la vérité que nous nous refusons
Ailleurs parce qu'ils sont trop faibles pour l'entendre,
N'as-tu pas bien souvent souffert de redescendre,
Pour ne pas les quitter, au niveau du jeu vil
Où leur seul intérêt, lourd au trésor civil,
Règle contre les lois, les Dieux et la Justice,
Le sort du peuple à la faveur d'un artifice
Dont l'effort clandestin, mortel à la patrie,
A fait du pacte unanime qui vous y lie
Un privilège obscur, mais formidable, tel
Qu'il devient la patrie elle-même et l'autel ?
Sans doute, malgré toi, pour les mener ailleurs,
Tu sers leurs préjugés affreux, mais la douleur
Qui, peut-être, en secret, toi aussi t'interroge,
N'en apporte pas moins la force de ta toge
A soutenir toujours ce que ton cœur récuse.

CICÉRON

Me voici le coupable et c'est toi qui m'accuse !

CATILINA

On penserait ainsi si j'étais victorieux !
Mais, malgré ton sourire et pour répondre mieux
Que tu ne m'as encor questionné, ma franchise
Totale et, comme moi jusqu'au bout de sa mise,
Préfère continuer, fut-ce contre tes vœux.
Pourquoi donc si, déjà, ton discours me persuade,
Le mien n'essayerait-il à son tour, sans qu'il tarde,
De pénétrer aussi vers ta froide raison ?

CICÉRON

Serai-je par moi seul, si je n'écoutais qu'elle,
Penché sur ta parole au fond de ta maison ?

CATILINA

L'heure pour Rome, lasse, est grave, solennelle ;
Il faut qu'elle succombe ou bien se renouvelle.
La vouloir arracher à tous les maléfices
De ceux dont l'égoïsme lourd la décompose
N'est-ce pas éviter que sa gloire périsse ?
L'avenir appartient à l'audacieux qui ose
Réaliser enfin ce qu'un autre calcule
En conduisant le feu qui, déjà, couve et brûle,
Invisible à beaucoup, certain à ceux qui savent.
Il capte l'incendie au profit des plus braves,
Maître d'un avenir dont il règle le cours ;
Du grand torrent boueux il fait vers de beaux jours
Un fleuve pavoisé de drapeaux et de voiles
Sur lequel la nuit même est un semis d'étoiles.
Crois-moi, tout est pourri dans la grande Cité !
Tout ment à son principe, insulte à sa beauté
Le patricien, créé pour secourir l'esclave,
Le rive à son malheur, ajoute à son entrave
Et, décimant ainsi la base de l'Etat,
Tarit la source d'où montait le patriciat.
Il fallait délivrer la plèbe lentement
Afin de rajeunir tout notre épuisement
D'un sang frais dont la force ajoutée à nos veines
Eût rendu la couleur aux pâleurs patriciennes.
Il fallait, peu à peu, des barbares eux-mêmes,
Faire des fils latins voués aux mêmes poèmes
Que ceux dont l'aigle d'or a parsemé la terre ;
Rome, invincible alors, eût dompté l'univers
Et sous l'égide de sa justice certaine
Dont seul le sceptre règle, apaise et coordonne,
Les peuples, enchantés par sa loi souveraine,
Sûrs d'avoir chacun leur partage au Capitole,
Y eussent tous servi le même Jupiter.
Les tiens ont marché vers un régime d'enfer,
Peut-être d'autant mieux que leur hypocrisie
Ne cesse de sévir dès qu'un homme se lève
Pour incliner ses jours à marteler sans trêve
Ce que le présent veut contre ce qui le lie ;
Ils lui suspectent tout, parlent de tyrannie,
Invoquent le passé dont ils ont perdu l'âme
En désertant l'autel d'où s'élevait sa flamme,
Comme si le passé même n'était la vie
De tous les grands destins qui, les mains sur leur glaive,
Ont tenu tête aux maux des hommes par leur rêve,
L'aile sur les dangers qui minaient la patrie.
Le peuple s'est lassé dans leur rude sillage,
Mais ce sont eux d'abord, par leur orgueil sauvage,
Qui conçurent le but d'un si terrible effort ;
Et ce n'est que plus tard, quand ils restent bien morts,
Que les gens comme toi paraissent pour louer
Ce qu'eux-mêmes, jamais, n'auraient tenté d'oser.

CICÉRON

Es-tu sûr que le peuple ait tant besoin de toi,
Et, même, qu'il désire, au fond, ce que tu crois ?

CATILINA

Résiste à ce qu'il faut, si c'est là ton métier !
D'avance je connais ta réponse, je sais
Ce que tu me diras, demain, du haut des rostres,
Victime de l'adresse où monte la riposte,
Car le peuple, trompé, suivra ta langue douce
Lorsque tu jureras que la liberté pousse
A son gré, née au flux de son libre désir ;
Mais nous savons tous deux que ce sera mentir.
Depuis le premier jour qu'il fut un homme au monde,
C'est sa révolte qui fit son âme féconde
Et, lorsque, plus nombreux, ils se sont réunis,
Ce ne fut pas de ceux qui restèrent soumis
Que naquit l'étincelle où s'allumait leur foi.
Aujourd'hui comme hier, hier comme autrefois,
Les hommes libres, seuls, savent la liberté.
Eux seuls, pour délivrer leurs frères enchaînés,
Leur révèlent le sens de leur propre destin,
En mettant dans leur cœur jusque-là lent, débile,
L'égalité devant ce dont on les exile.

CICÉRON

C'est-à-dire l'envie et la guerre civile !

CATILINA

Qu'importe, s'il les faut contre l'Iniquité !

CICÉRON

Qu'importe si pour vaincre il faut tuer la cité !

CATILINA

S'il n'est d'autre recours que la révolte même,
A qui la faute donc, sinon à qui la sème ?
La République meurt un peu plus chaque jour.
Elle n'existe plus, sinon dans ton amour ;
Tête sans corps, corps sans tête, elle ne sera
Que si je suis sa tête et la prends par le bras.

CICÉRON

A ton tour, entends-moi. — Moins la révolte sombre
Où ton génie altier voudrait guider par l'ombre
Vers un malheur plus grand un peuple malheureux
Chez lequel on tarit le souffle généreux
Pour le vrai bien de tous et son avènement,
Qui ne l'a désiré, plus généreusement
Encor que toi ! Ton rêve est et reste le mien
Mais nous nous séparons parce qu'il entretient
En toi ton égoïsme, en moi mon sacrifice ;
Tu le veux pour le Mal ; je le veux pour le Bien
Qui, seul, peut détourner de tous les artifices.

CATILINA

Où trouves-tu le Bien ? Qu'appelles-tu le Mal ?
Puisque tout est faussé dans les valeurs humaines,
Puisque tout s'avilit, puisque la coupe est pleine,
Puisque tout ment à tous, tous aussi à chacun,
Puisque nul ne veut plus de tous ne former qu'un,
Puisque tout est stérile et, à jamais, fatal,

Quand saisis-tu la règle? Où vois-tu la mesure?
Tes dieux sont des arrêts marqués au populaire
Dont ceux qui les manient bravent l'exemple austère
A l'heure qu'il devrait plier leur âme dure.
Non! Le deuil qui déborde atteint sa plénitude.
Il ne reste plus qu'à quitter sa solitude
Pour mieux tenter enfin la suprême aventure.

CICÉRON

Aventure... Le mot la condamne déjà
En te perdant en elle et son sinistre éclat.
Bien que tout reste vain — ton discours me le prouve —
Je veux te dire encor pourquoi je te réprouve.
Catilina, le Bien, quel qu'en soit l'amertume,
N'est d'abord ni dans la cité qui le résume,
On le devrait, ni dans la Nature trop rude,
Ni même dans les Dieux qui furent un prélude;
Il veille en nous, au plus profond de la conscience;
Il nous faut le trouver, longuement, en silence,
Recueillis pour cueillir, comme les meilleurs fruits,
Les ordres souverains qu'il édicte à celui
Dont il a fait son fils et qu'il ne quitte pas,
Comme clos dans le cercle ouvert par son compas;
Le nier équivaut à prouver son existence
Il existe si bien que la sombre balance
Tout à l'heure, pour justifier tes noirs projets
Vers lui, sans le savoir, dans la nuit oscillait
Afin de me gagner en élevant un masque.
Mais de même que l'onde au vide de la vasque,
Quand le courant revient, y monte peu à peu,
Par-dessus ton désir, tes rêves et tes cieux,
La ténèbre des flots où se plaît ton navire,
Remontait elle aussi pour mieux te maintenir,
Et tu superposais, vainement, à ton être,
Un immense idéal, comme pour disparaître
Dans sa spleudeur auguste; il ne drapait que toi,
Et c'était pour toi seul, encor, toujours pour toi,
Que tu y évoquais l'ordre neuf dans sa loi.
Or, la cause qu'on sert n'appartient pas qu'à soi.

CATILINA

Pour la bien épouser, il faut la faire sienne.

CICÉRON

Pour servir son pays, il ne faut pas de haine,
Et tu le hais, au fond, de t'avoir résisté.

CATILINA

Pourquoi m'a-t-il aussi toujours persécuté?

CICÉRON

Tu l'attaquais sans fin, il s'est bien défendu.

CATILINA

Pourquoi m'a-t-il, ingrat, constamment méconnu?

CICÉRON

Permets-moi de sourire et de te demander
Si pour le décevoir tu n'as pas tout tenté.

Tout à l'heure, déjà, t'écoutant, merveilleux,
Développer un plan qui menaçait les dieux,
Sans vouloir t'interrompre, en songeant à ta vie,
Je regrettais tout bas, non sans mélancolie,
Que le magicien d'une telle entreprise,
Pour avoir trop donné par ses gestes l'emprise
A la critique, même haineuse et imparfaite,
Dut avoir tant de mal, avec sa bande pire,
A construire la tour dont il se veut le faîte,
Afin d'y dominer l'essor de son empire...
Tes amis sont honteux, leur qualité t'insulte !

CATILINA

Ils restent mes amis, j'ai l'amitié pour culte.
S'ils sont tels, eux, du moins, sont venus jusqu'à moi,
Et s'il n'était pour eux pas d'autre route, toi
Qui sait voir dans mon cœur ce qu'il voudrait de grand,
Tu pouvais m'en valoir beaucoup de différents ;
Or, tu m'as combattu sans trêve, sans pitié !...

CICÉRON

J'ai lutté contre moi pour ne pas te céder.
C'est vrai, je lutte encor pour ne pas me livrer,
Entraîné, malgré tout, par ce que je devine
D'humain et de profond au fond de ta poitrine.
Tu sens que ma franchise est égale à la tienne
Et que ma volonté, pour qu'elle se maintienne,
Doit piétiner en moi le penchant qui l'incline.

CATILINA

Si tu voulais enfin....

CICÉRON

Je ne peux pas vouloir
Autre chose que Rome et son triste devoir
Je savais en venant tout ce que tu médites,
Mais je voulais saper, sans que tu t'en irrites,
L'inutile complot où tu vas te briser,
Te convaincre à temps, peut-être t'en retirer.
Or, je vois désormais que ton destin t'emporte !
Quand tu auras sur moi laissé fermer ta porte,
Dans le deuil de l'ami, le Consul renaîtra.
Comme j'aurais aimé t'aimer, Catilina !

CATILINA

Tu ne veux donc pas voir que notre Rome expire
Et que sans mon action rien n'y sera tenté
Pour l'arracher aux maux qui vont la dévaster ?
A travers notre duel, comme mon sein respire
En t'entendant ainsi, jusque dans ta menace,
Me parler d'amitié ! Par cette heure qui passe
Et ne reviendra plus, car, demain, je le sens,
Nous serons face à face avec d'autres accents,
Cueilles-tu, comme moi, la charité du Sort ?
Non, puisque c'est moi seul qui risquerai la mort !
Qu'importe ! Après ma fin, de ta villa des roses,
Si j'ai quelque tombeau, que ton pas s'y repose
En souvenir du jour où tu t'étais ouvert.
Tu ne le pourras plus bientôt : le laurier vert

Consacrera César et, quand il le ceindra,
Victorieux vaincu, tu me regretteras.

CICÉRON

Ne parle plus ! Mon âme hésitante m'oppresse.
Appelle mes licteurs, redevenons Romains.
Un mot encor, pourtant, viens-tu toujours demain
Au Sénat qui t'attend pour que je t'y accuse ?

CATILINA

Ainsi donc tout est prêt de ton côté, du mien.
Et l'un et l'autre nous aurons voulu en vain,
Par une entente où tout n'était pas de la ruse,
Modifier l'arrêt qu'écrira notre main.
Oui, j'y serai, tout autre et, déjà, je reprends
Le masque qu'il nous faut pour retrouver nos gens.
(Il appelle. Lentulus vient, suivi des licteurs.)
Salut, consul de Rome auguste et magnanime !
Merci de ta visite. Assure le Sénat
Qu'il t'entendra demain devant Catilina.

CICÉRON

Adieu, Sergius, et souviens-toi toujours, quand même,
Que si les Dieux sont durs au mortel qui parsème
D'efforts infructueux sa route trouble, fausse,
Ils se font plus cléments, quelquefois, à celui
Dont la ténacité favorable se hausse
Aux éternelles lois du ciel et de la terre.
A travers tous les maux, le jour comme la nuit,
Sans cesse au fond du ciel luit l'étoile polaire ;
Elle fixe le centre où le grand but conduit.
Je voudrais voir ses feux prolongés sur toi-même
Comme une lampe pure éclaire un front trop blême...
(Catilina s'incline. Cicéron sort, suivi des licteurs.)

SCENE VI

LENTULUS, CATILINA

LENTULUS

Que veut-il dire ?

CATILINA *(après un court silence)*

Il veut, par sa noble parole,
Persuader qu'il détient lui seul la vérité,
La faire luire à moi, parce que je l'isole
Sur un autre chemin qu'il n'a pas accepté.
Il veut, cher Lentulus, ceci dit, notre tête,
Fera tout pour la prendre et, sans que rien l'arrête,
Dès demain, au Sénat, dénoncera nos crimes.

LENTULUS

Et vous le laisseriez surprendre ses victimes ?
Je vous vois tout à coup si calme, si lointain,
Que je ne comprends plus cet étrange matin,
Ni Cicéron glorieux, qui s'en va, magnifique,
Sans que Catilina lui donne la réplique.

CATILINA

Tu douterais de moi ? Redonne-moi ta main.
Tout est prêt et, déjà, par la campagne étrusque

Il me faut retenir ceux dont l'attaque brusque,
Avant l'heure, offrirait aux autres l'avantage !
Pour réussir, l'audace a besoin d'être sage,
Et tandis qu'il rythmait à son gré son langage,
Attentif à percer ses prochains arguments,
Je préparais les miens pour mieux chercher comment,
Après la comédie, il faudrait décider
Le drame, à quel instant, comme un sombre torrent,
Nos troupes, d'un seul coup à travers la Patrie,
Rouleraient jusqu'à Rome afin d'en arracher
Ceux qui la perdent et la gardent asservie.
Vainement ils voudront sous leur fer terrasser
La révolte qui gronde en toute l'Italie,
Ils ne seront plus rien quand par la Louve, enfin,
J'aurai pu conquérir le sceptre du Destin !
Va dire à nos amis qu'ils se trouvent ce soir
Sans faute, pénétrés de courage et d'espoir,
Au Forum, à l'heure où le soleil qui décline
Drape de pourpre et d'or la ville aux sept collines.

LENTULUS

Mon maître, ils serviront, tous, votre volonté
Que je retrouve enfin ! Je n'ai jamais douté,
Mais j'aime la voir prête et toujours souveraine,
Dressée sur les mots des fourbes dont [illegible] haine
Se sert de longs discours pour enchaîner un cœur
Qu'ils ne savent que trop insensible à la peur.
Que Catilina veille et, surtout, se méfie
De tout ce qui pourrait, sans même qu'il se lie,
Sous couleur d'affection, attenter à ses jours ;
Quand on n'écoute plus seulement sa raison,
Il est plus d'un chemin qui mène à l'abandon
Et, sans y accéder, par celui de l'amour.

CATILINA (*qui semble surpris*)

A ton tour parle, ami, dis bien ce que tu penses ;
Les demi-mots pour moi, de toi, sont une offense ;
Il te faut t'expliquer, toi dont j'ai le serment.

LENTULUS

Seigneur, il n'est en moi rien que du dévouement.
Si je m'avance trop, songez que c'est par zèle.
J'ai peur quand je vous vois, quelquefois, croire à celle
Qui me paraît vers vous, — du moins, je le redoute, —
Ne venir que pour mieux détourner votre route.

CATILINA

Mais parle donc plus clair !

LENTULUS

N'ai-je déjà parlé ?

(*Après une hésitation.*)

Elle écoute son père avant de vous aimer,
Et quand je sens le vague, ici, qu'il a semé,
Je songe à ce que peut tenter la perfidie
Afin de terrasser une si forte vie. —
Excusez-moi ; je pars exécuter vos ordres.

(*Il se retire.*)

SCENE VII

CATILINA (*seul*)

Qui ne se le dirait? Je l'ai souvent pensé,
Même à l'heure où les Dieux, par-dessus mes désordres,
Par delà le Plaisir aux mornes voluptés,
M'ont valu de vouloir sur les seins de Tullie
Retrouver cette paix qui me fuit sans pitié
Au point que le temps manque à ma mélancolie,
Et dans un abandon, même incertain, un jour,
Ce repos que devrait, au moins, verser l'Amour...
Mais je demeure seul, hélas! fût-ce près d'elle!
Un poignard guette encore aux plumes de cette aile
Qui devrait m'emporter loin de nos vilenies.
Rien n'est mien tout à fait, rien n'est certain pour moi;
Il me faut avancer sans rencontrer le toit
Où je pourrais dormir, ne serait-ce qu'une heure;
Toujours prisonnier de mon propre malheur,
Suspect, meurtri, maudit, funeste, à jamais seul,
Ténébreux tisserand d'un éternel linceul,
Je vais, trahi par tous et toutes, sans un cœur
Où le mien puisse enfin se délivrer vraiment!

(*Il s'assied, comme accablé.*)

Je ne puis même pas n'être que son amant!

(*Il se lève et tourne vers Rome qui se laisse voir dans la lumière, par la porte restée ouverte:*)

Fatalité sournoise, exécrable cité
Où tout le mal du monde éteint la Vérité,
Impossibles projets, rêves toujours flétris,
Quel que soit leur objet ou quel qu'en soit le prix!
Malheureux, malheureux, veuf de sa part de bien
Pour qui tout se réduit à ce sombre entretien
Avec soi-même, avec soi seul, toujours, sans fin,
Et sur ce désespoir dont rien n'éteint la fièvre
Puisqu'aucun baiser vrai ne rafraîchit sa lèvre,
O douleur, ô tourment de craindre dans Tullie
Ce dont je souffre et suis certain chez Aurélie!

ACTE II

« Quant à César, sa participation au complot paraît encore moins admissible. Rome ignorait encore le génie de César et déjà, cependant, tous les regards se tournaient vers lui, comme attirés par un pressentiment fatal. Tout en lui semblait extraordinaire et contradictoire, son extérieur aussi bien que sa conduite. Ses yeux noirs, dont on avait peine à soutenir le feu pénétrant, contrastaient avec le sourire habituel d'une bouche aux contours presque féminins. Dans sa jeunesse, il était d'une complexion délicate et ses membres blancs, mollement arrondis, n'annonçaient pas la vigueur; cependant, il excellait dans tous les exercices du corps et sa santé n'était altérée ni par l'excès du travail, ni par l'excès des plaisirs. Il existe à Naples (Museo Borbonico) *un buste colossal de César qui passe pour avoir été fait de son vivant, et qui explique cette expression de Suéton* ': Ore paulo pleniore. *La bouche, en effet, est singulièrement petite et légèrement entr'ouverte, ce qui, avec des lèvres un peu grosses, donne au bas de la figure un caractère de bienveillance remarquable, tandis que le front et les yeux indiquent l'habitude du commandement et l'inflexibilité. Le développement*

du crâne est prodigieux, et je m'étonne que les disciples de Gall n'aient pas pris ce buste comme une démonstration de leur système. Si le front annonce le vainqueur des Gaules, la partie postérieure de la tête dénote le mari de toutes les femmes, et quelque chose de pire. »

Mérimée, Conjuration de Catilina.

⁂

Le Forum. — Le Tibre coule, en faisant le coude, à droite de la scène. Au fond, la porte Flaminia. A gauche, le tombeau de Sylla entouré de cyprès avec, au milieu, l'un d'eux plus grand que les autres.

La foule passe et repasse.

Au premier plan, un homme qui est venu s'est arrêté, tournant le dos à la scène. Il se tient à droite et regarde à gauche. Il est là depuis un instant, quand un autre s'arrête en le voyant, puis l'observe et l'aborde.

SCENE I

CURIUS

Pas encore au Sénat ? Jules, que fais-tu là ?

CÉSAR (*rêveur*)

Je regarde grandir le cyprès de Sylla.

CURIUS (*ironique*)

Phénomène curieux, inattendu, ma foi !
Comme si le cyprès, sous ton regard magique,
Donnant à ton désir, en secret, la réplique,
Marquait de son ombre autour de lui, sous tes pas
L'heure que tu veux voir en allongeant vers toi
Le gnomon d'un destin suggéré par ta voix...
« Je regarde grandir le cyprès de Sylla. »
Vraiment ? — Je retiendrai comme tu dis cela.

LA PYTHIE (*passe, accompagnée des Vestales Elle a entendu, fixe César, et lui dit :*)

Divin Jules, les Dieux t'ont désigné déjà !

CURIUS

Si je croyais encore aux Dieux, c'est à tes pieds
Que je serais sur l'heure afin de t'implorer.
Quel passage propice en sa coïncidence !
L'aurais-tu préparé ?... Tu gardes le silence ?

CÉSAR

J'écoute et le silence et la rumeur romaine
Accroître au fond de moi vers la valeur humaine
Je ne sais quel métal qui sonne, tel un glaive,
Et sur les deux, mêlés, je vois passer mon rêve
Comme l'ombre d'une aigle au remous des blés d'or,
Elle grandit sur eux, elle emplit ce décor
Du noir dessin vivant de sa vaste envergure,
Et la moisson, sur qui palpite l'aventure
Du messager céleste, ondule sous le vent.

CURIUS

Le cyprès ! L'épi ! L'aigle !... En augure savant
César s'amuse au jeu des fables symboliques ?
Il reste à savoir si le peuple en ses répliques

Ratifiera le choix dont s'assure ton front!
Divin Jules, puisque, dit-on, tel est ton nom,
L'heure du grand cyprès n'effleure pas encore,
En dépit des moissons que ton aigle décore,
Celle qui de tes pieds s'effile vers la sienne,
Et pourtant, l'une et l'autre, sur la terre ancienne,
Ont l'air de se chercher pour se rejoindre encore
Par cette place auguste, ouverte à la fortune,
Où l'univers palpite en Rome et s'y efface
En y mourant souvent sans y laisser de trace.
Le Capitole aux peuples est un dur récif...

CÉSAR

Rome, inconnue, hélas! même à ses propres fils,
Pardonne-leur, et du haut de ta citadelle,
Protège au moins celui qui te reste fidèle!

CURIUS

C'est-à-dire César, resterait-il tardif...
Tu sembles sur toi-même enclos comme en un if
A cette heure incertaine où le monde chancelle
Sur les colonnes de ses bases effacées...

(Un silence.)

CÉSAR

Curius, te souviens-tu de ces rudes années
Qu'éclaboussa Sylla du sang de ses victimes?
Implacable, il ne sut pas être magnanime
Et sa retraite encor fut une autre insolence.
Seul, un enfant tint tête à sa fière arrogance.
Il l'avertit ainsi déjà de la vengeance
Dont la plèbe en montant forgerait les moyens.
Un fils du peuple le brava, lui, toujours craint
Au point qu'on s'écartait sur son morne passage...
Seul aussi j'ai tenu contre lui, pour ma femme,
Mes dix-sept ans dressés contre son ordre infâme,
Puis j'ai puni plus tard, relevant un lourd gage,
Ses sicaires sanglants, Marius, vers tes trophées,
Loin d'un code inhumain, vil aux âmes bien nées.
Enfin Sylla fut grand, du moins, par son courage.
Je vois sa tête rouge et blanche aux cheveux roux;
L'impassibilité s'y mêlait au courroux.
Un jour, lassé de tout, tournant sur soi sa rage,
Il abrégea sa vie au fond de la débauche.
D'ailleurs pour un Romain dont la Mort ne veut pas
Afin de mieux dompter tout, jusqu'à son trépas,
Dans l'heure même où la Parque sombre le fauche,
Il n'est que d'être maître en commandant aux autres
Ou d'oublier son mal dans celui du Plaisir.

CURIUS

Catilina les mêle. Il cherche l'avenir
A travers Mars, Mercure et Vénus Astarté.

CÉSAR

Il le brave à cette heure au Sénat irrité
Qui veut faire de lui le type du rebelle,
Tel à tous, si certain qu'il étouffe son zèle
Avec celui de ceux qui, sans en faire état
Même après son échec, en secret, par rancune

Et besoin, sentant l'heure où passe la fortune,
Acharnés au hasard, jouent son consulat.

CURIUS

Et que pense César de ce calcul rapide?

CÉSAR

Trop rapide, en effet, pour être calculé,
Il sème un grain mauvais dans une plaine aride.
Je ne suis, quant à moi, d'aucun des deux côtés
Parce qu'aucun des deux n'a raison contre l'autre.
Cicéron contre nous ferait le bon apôtre
Comme il plaide aujourd'hui contre Catilina;
Face à face deux clans se disputent leur proie,
Mais c'est Rome qui paye, et Rome n'y est pas.

CURIUS

Paradoxe subtil. Où est-elle en ce cas?

CÉSAR (*rêveur*)

Elle est ailleurs, plus haut, mais elle n'est pas là.

CURIUS

Elle attend que César proclame qu'elle y soit.

CÉSAR

Ami, douteux peut-être, en tout cas sans traîtrise,
Sur les eaux du Destin dont la logique brise
Les hommes, les cités, les temples, tour à tour,
Tout, jusqu'aux plus grands dieux, peut-être même, un jour,
Le dernier qui subsiste et se survit, l'Amour
César n'est qu'un moyen. Qui pourrait à sa guise,
Disposer du moment, des faits ou des humains?
Au meilleur plan s'oppose une invisible main.
La tête la plus forte et la plus décidée
Interprète, sans doute, avec sa propre idée,
Les matériaux que son époque lui dispense
Et, quel que soit le crâne où la volonté pense,
Si parfait qu'il précise, avec exactitude,
L'édifice construit, haut, dans sa solitude
Pour y défendre mieux ce qui doit triompher,
Il se sent tout au long de l'action côtoyer
Un fleuve obscur, profond, au secret inconnu,
Qui le perd s'il le perd, que son cœur, son cerveau,
Unis vers sa recherche ont peine à découvrir
Et ne trouvent, souvent, après l'avoir suivi
D'instinct, sans s'en douter, nautonniers voués au vrai,
Que pour mieux s'y dévouer quand la foule leur met,
A côté du laurier, les fleurs du sacrifice,
Puis, à force d'effort contre tout ce qui est,
Dont il faut que le mal, enfin vaincu, périsse,
Afin que le présent devienne l'avenir,
Un soir de trahison, las, s'y ensevelir.

CURIUS (*étonné*)

Tu caches un amour qui te rend malheureux.

CÉSAR

A coup sûr, pas celui que supposent tes yeux...
Mais tu ne vois donc rien pour aussi peu souffrir,

Ou bien ton âme faible aime mieux se mentir?
Me faudra-t-il aussi, seul toujours, tuer en moi,
Sans les livrer jamais, les raisons de ma foi?
Nulle part je n'entends l'écho de ma douleur,
Où que je frappe, rien ne répond à mon cœur.
Immobile sur son passé, sans souvenir,
Rome aveugle ne sait que se plaindre et maudire,
Douter des fruits prochains de son vaste labeur,
Et voiler les rayons que jette son empire.
Toi-même, autrefois fier et certain de tes feux,
Tu gâches ta jeunesse à d'inutiles jeux.
Prends-là plutôt en main pour armer la conquête
D'une époque qui gronde et, bientôt, sera prête
A semer la révolte ou la destruction
Si personne ne vient la mettre à la raison
En la faisant éclore au grand soleil du monde;
Elle est debout pour vaincre; elle attend; elle sonde
Ses flancs mystérieux où l'avenir palpite
Vers l'immense horizon que son regard médite...
(Remous de foule. Clameurs au loin Des hommes passent, pressés.)

CURIUS

Qu'est-ce?

UN PASSANT

On dit qu'au Sénat Cicéron est terrible.
Devant sa vie atroce, ainsi passée au crible,
Pâle à son banc, comme vaincu, Catilina,
Sous son crime écrasé, se livrerait déjà.

UN AUTRE PASSANT

Histoires! Rien n'est vrai dans ce récit stupide.
Cicéron peut mentir; Sergius est notre guide;

UN TROISIÈME PASSANT

Le Sénat se défend contre un monstre insensé
Dont les noirs assassins, à ses ordres dociles,
Par le serment juré sur un homme égorgé,
Aiguisent leurs poignards contre l'Humanité.
On dit qu'en sa maison, devant l'aigle d'argent,
Ils font des sacrifices humains, que le sang
Versé dans une coupe abreuve leurs mystères.
(Ils s'éloignent.)

CÉSAR

Ecoute-les, Curius, affronter leurs chimères
Sans même faire effort vers la réalité.
(Nouvelles clameurs au loin.)

UN AUTRE PASSANT *(entouré de gens auxquels il parle et qui le suivent)*

Il demande l'exil pour dix ans contre lui.
(Ils passent.)

CÉSAR

Rome, absurde, s'épuise en rejetant ainsi
Hors de son sein glacé les meilleurs de ses fils.
Elle se meurt. Ni le parti des chevaliers,
Ni le vieux noviciat, noble et sacerdotal,
Ni les Italiens ne savent retrouver
Les liens qui les créaient; l'isolement fatal

Les mine en les perdant. Je les réunirai,
Peut-être, un jour, en moi, car Sergius ne le peut ;
Son courage, d'avance, est vide et malheureux.
Pourtant, tout oscille et tremble ! La Liberté,
Depuis longtemps défunte, est au plus fortuné ;
La Loi lui ment sans cesse et le Consul la joue.
Souffleté tour à tour sur l'une et l'autre joue,
Le peuple ne sait plus vers qui guider ses pas
Car tous sont contre lui qui lui tendent les bras.
L'injustice, partout, suit l'illégalité.
Et, comme des vautours, sur la propriété,
Les usuriers sans fin exproprient à la ronde
Jusqu'aux derniers de ceux qui ont vaincu le monde.
La misère devient la seule égalité.
A part les sénateurs, flanqués des chevaliers,
Aux terrains mal acquis, nul ne pourrait prétendre
A conserver son lot s'il ne veut pas se vendre,
Et les derniers lambeaux du vieux manteau romain
Ont tellement brisé leurs thermes en poussière
Qu'aucun agrimensor, même mué en devin,
Quelle que soit sa science à mesurer la Terre,
Ne pourrait les connaître, ni les justifier ;
Quant à faire des lois afin de partager,
Rullus a vu comment on sait les repousser...

(*Nouveaux mouvements de foule plus prononcés, suivis des cris de « Vive Catilina ! » « A mort ! A mort ! »*)

CURIUS

C'est lui. Je l'aperçois. Malgré ses trente-sept ans,
Il en paraît cinquante, et sa face creusée
Me semble plus livide d'année en année.
Mais si j'étais César, absent à la séance,
Je ne montrerais point aux autres que j'y pense.

CÉSAR

Tu as raison. Adieu.

CURIUS

Adieu. (*Seul.*) Est-ce par là
Qu'à mon tour je verrais l'ombre du grand Sylla
Grandir — ou par ici ?

(*Il montre Catilina qui entre avec ses partisans. Puis il se perd lentement dans la foule.*)

SCENE II

(*D'autres partisans arrivent, qui le pressent.*)

L'UN D'EUX

Alors, Seigneur, enfin
Racontez-nous !

D'AUTRES

Parlez !

CICADA

Nous voulons savoir tout !

LENTULUS

Seigneur, les amis seuls restent autour de vous
Dans cette heure où vous suivre est suivre du destin !

CATILINA

Je vous ai dit déjà son infâme harangue
Faite pour m'acculer... J'arracherai la langue
A ce menteur odieux dont j'exècre la voix,
Qui ce matin chantait l'amitié sous mon toit!
Mais je vous dois la fin. Il avait terminé,
Presque, son long discours habile, balancé,
Quand, dans une invective, en outre, à mon adresse,
Il proclama que tout débiteur en détresse
N'aurait aucun répit, ni rien à espérer.
« Qu'attends-tu, me dit-il, de nos tables nouvelles
Pour abolir tes dettes, car à voir ton zèle
Tu ne te presses pas! Moi, j'en afficherai,
Mais de vente... » Aussitôt le Sénat, unanime,
De longue main, sans doute, à ces mots préparé,
L'applaudit longuement et chassa sa victime.
Il me fallut sortir sous l'insulte, outragé,
Chargé d'imprécations, seul contre leurs violences,
Mais, d'un coup, retourné, droit, face à leur offense,
Qui plus farouche encor, tout à coup, du silence
Retombé sur leurs cris qu'arrêtait mon visage
Tendait aux leurs des traits de haine détestable,
Je ne leur celai point ce que semait leur rage:
« Contre moi, ce jour-ci, plus que vous équitable,
Vous allumez le feu, vous voulez l'incendie?
Je l'étoufferai sous vos cendres, et la vie
Qui hurle ici trop fort s'éteindra sous un sable
Aussi brûlant pour vous que celui du désert. »
Etes-vous prêts?

CICADA

Pas un qui n'ait sur lui son fer!

LENTULUS

Que tout le sang versé retombe sur leur tête!

UN CONJURÉ

C'est eux qui l'ont voulu puisqu'ils t'ont exilé.

CRASSUS

Je t'aiderai, sans peur, à conquérir le faîte
Qu'on refuse à tes dons comme à ta qualité;
Crois à mon dévouement, à ma fidélité.

CATILINA

Je veux y croire aussi, car l'heure en a sonné.
Sur ce vaste forum où le soleil décline,
Un jour nous reviendrons faire éclore des ruines
Auxquelles on contraint ceux qui veulent sa gloire
Une louve nouvelle avec notre victoire;
Loin du sang lourd des dieux d'autrefois, nous boirons
Le lait d'un avenir que nous préparerons.
Le soleil nimbe au loin les toits du Janicule;
C'est comme un incendie au fond du crépuscule
Qui presse nos désirs et protège nos vœux.
Les dés en sont jetés, puisque même les cieux
Nous annoncent aussi la pourpre triomphale.
Ainsi, Rome perfide, inhumaine, fatale,
Tu auras le destin que méritent tes maux.

Je te voue aujourd'hui, rouge, aux dieux infernaux!
A ton tour de tomber comme une autre Carthage!
La charrue en passant ébrèchera sa faux
Sur ta pierre maudite, ô ville de l'outrage,
Perverse en tout, vénale et qui, dès Jugurtha,
N'aspirait qu'à se vendre en reniant l'Etat.
De ton bourbier infect, ma cité montera
Telle que je la veux au tombeau de l'ancienne,
Ses pieds jeunes et nus foulant de leur talon
Le néant du passé des cendres patriciennes.
Soyez tranquilles, tous; je sais où nous allons.
J'abandonne le son des mots à Cicéron.
Qu'il parle! Contre lui, tous nous agirons.
J'ai mesuré jusqu'où, souveraine féconde,
La République inscrit ses fastes par le monde;
Elle règne sur les quatre points cardinaux.
Des mers encor sans nom ont porté ses vaisseaux;
La plus lointaine terre a connu ses faisceaux
Et sur toute la carte il n'est pas de région
Sur qui n'ait retenti le grand pas des légions.
L'Europe, l'Asie et l'Afrique sous ses serres
Avec cent cinquante millions de tributaires,
Quarante mille villes, le sceptre aquilifère,
Etend ses longues ailes sur toute la terre.

(Clameurs au loin: « A bas Catilina! Mort au rebelle! Vive Cicéron! » Le groupe qui l'entoure: « Salut à Catilina! Vive Rome libérée! »)

CRASSUS

La bataille déjà se précise ici-même.

CATILINA

Le prélude n'est rien; préparons le poème.
Mais dépêchons-nous vite; il n'est plus temps d'attendre
Les pièges que partout leur colère va tendre.

(A un des conjurés.)

Toi, pars vers l'Apennin dont les sommets sauvages
Cachent plus d'un rebelle armé de son courage
Qui n'attend qu'un signal.

(A un autre.)

Toi, gagne l'Apulie,
Les pâtres y sont prêts à jouer la partie.

(A Probus.)

Dans le Brutium, les esclaves des chevaliers
Ont rompu le contrat qui les avait liés.

(A Cicada.)

Cicada, sois rapide et rejoins l'Etrurie
En m'annonçant. C'est là que j'aurai mon quartier;
Les laboureurs y sont bien d'accord cette fois
Avec les vétérans dévoués de Sylla.

(Aux autres, tandis que le coucher du soleil tombe.)

Lentulus, Céthégus et toi Crassus, restez.
Les Allobroges ont ici des députés
Pour diminuer l'usure atroce qui les ruine.
Mon exemple leur montre à quoi on les destine.
Pratiquez en sous-main, mais sans les avertir,
Ceux dont l'hésitation ne peut se contenir
Plus longtemps. Bien des grands nous seraient dévoués
S'ils osaient ce que leur haine leur a soufflé.

CETHÉGUS

Rentre avec nous, voici le Forum plus obscur,
Et la nuit qui descend le fait pour toi peu sûr.

CATILINA

Je vous suis.
(*Cris au loin : « Vive Cicéron ! Vive le Consul ! Mort à Catilina !*)

LENTULUS

Venez vite, seigneur !

SCENE III

UNE FEMME VOILÉE

Un instant !

CATILINA

Je ne sais qui m'arrête et je n'ai pas le temps.

LA FEMME VOILÉE

Cruel ! Ma voix, déjà, te serait inconnue ?
Ecarte tes amis, il me faut te parler ;
Il y va de tes jours, et mon âme, éperdue,
Ne recommence à battre, ici, que par ta vue.
Crois-moi, l'heure est terrible ; accepte que Tullie...

CATILINA

Vienne après Cicéron délivrer de la vie
Le criminel que Rome insulte pour lui plaire !

TULLIE

Je t'adore, Sergius, et j'ai renié mon père
Pour me risquer ainsi près de toi dans la foule ;
C'est un cœur torturé que ta dureté foule !
Il t'implore en tremblant du fond de sa détresse.

CATILINA (*revenant aux siens tenus à l'écart*)

Laissez-moi mes amis ; je vous joins. Le temps presse ;
Soyez donc tous chez moi dans la moitié de l'heure.

LENTULUS

Prenez garde ! J'ai peur !

CATILINA

Il n'est plus de danger
A l'heure où nous allons ensemble le braver !

SCENE IV

CATILINA, TULLIE

TULLIE

Merci !

CATILINA

J'écoute.

TULLIE

Quel accueil fait à l'alarme
Qui me pousse vers toi, bouleversée, en larmes,
Sacrifiant mon devoir pour écouter mon cœur !

CATILINA

Ce devoir, justement, qui fait notre malheur,
Ou, plus exactement, travaille pour le mien.

Si tu m'aimais vraiment, cesserait d'être tien.
Enfin, puisque l'instant qui passe est sans retour,
Laisse-moi mieux t'aimer, à travers ton amour ;
De tes deux sentiments, je ne sais lequel croire
Et ne pourrai vraiment être certain de l'un
Que s'il domine l'autre en gardant sa victoire.

TULLIE

Tu es là tout entier, buté dans l'amour même,
Autant qu'en tes projets. Malgré cela je t'aime ;
Entends-moi, je ne puis, de par mon sentiment,
Sacrifier mon père et Rome à mon amant.
Ne t'ai-je pas, cruel, immolé tout le reste ?
Comment ne vois-tu point que ma sombre passion
Qu'une autre eût étouffée en soi comme une peste,
Inhumaine au point de déshonorer mon nom,
Est vraie, hélas ! en tout par ce qui la déchire ?
C'est ce duel douloureux qui t'apprend ton empire
Sur un être aussi fier que je le fus jadis,
Car, comment peux-tu croire à de la perfidie
Quand je suis là, tremblante, et que mon âme crie,
Esclave humble, soumise à ce qui l'a perdue,
Pour mendier l'amour que tu ne connais plus !

CATILINA

Ainsi, c'est l'amour seul ici qui t'a conduite ?

TULLIE

Je voudrais te garder ou préparer ta fuite,
Te sauver, en tout cas, afin de t'arrêter
Dans cette horrible lutte où tu te feras tuer

CATILINA

Qu'en sais-tu donc d'avance ? Où ta sollicitude
Contre moi puise-t-elle autant de certitude ?

TULLIE

Dans l'instinct d'un cœur pur qui ne trompe jamais.

CATILINA

Ou dans l'avis d'un père aussi fourbe que toi ?

TULLIE

Oh !

CATILINA

D'amitié, ce matin même, il me parlait.
Tout à l'heure, la mort et l'invective aux lèvres,
Aux applaudissements du Sénat, il m'injuriait,
Et comme il a manqué doublement son effet,
C'est sa fille, à l'heure où Diane au ciel d'or se lève,
Qui palpite d'amour afin de réussir.

TULLIE

Si je ne t'aimais tant, tu te ferais haïr ;
Mais je veux dépasser ta criminelle injure.
Seras-tu donc toujours rebelle à la Nature ?
A force de mentir, ne sais-tu plus rien croire ?
Regarde-moi, Sergius, penche-toi sur mes yeux.
C'est vers ton cœur que mes pleurs brûlent leur eau noire.
C'est pour te pénétrer du souci de ta gloire

Qu'ils se lèvent vers toi comme on les lève aux cieux.
Mon âme est au fonds d'eux comme ta propre étoile;
Elle ne sait que toi, elle se veut la voile
Qui te ramène au port et qui t'y rende heureux.
Entre mon père et toi, j'ai choisi mon malheur
Puisque c'était t'aimer que de le préférer,
Et tu refuserais jusqu'à cette douleur
Faite du long tourment qui me fait t'adorer?
Ah! laisse au moins mon sein s'avouer tout entier
Dans ce soir décisif qui m'est si doux, pourtant,
Parce qu'à t'y tenir je te crois mon amant;
Laisse-moi t'entourer de toute ma tendresse,
Et si tu ne veux plus de moi comme maîtresse,
Une dernière fois, permets-moi de penser
Qu'il fut, au moins, des jours où tu croyais m'aimer!
Sens combien je suis lâche et petite en tes bras;
Oui, ferme-les ainsi, au moins un peu, sur moi,
Pour que j'y trouve encor l'ivresse du passé.
Quand je m'y livre, ô toi vers qui j'ai tant rêvé,
Tout fuit, tout disparaît, rien ne m'importe, rien!
Je te donne raison, et je me sens si bien,
Que j'y voudrais mourir ou bien, toute la vie
Comme morte, invisible, y rester ta Tullie
Afin de protéger profondément la tienne
Sans qu'elle s'en doute et sans qu'elle s'en souvienne...

CATILINA

Mon amour, entends-moi! Il faut..

TULLIE

Je n'entends pas!
A travers tes mots froids dont le ton me résiste,
Sous ce ciel d'amaranthe où grandit l'améthyste
De la nuit qui, bientôt, nous protègera mieux,
Je n'entends que l'Amour. Il est là, prodigieux,
En moi comme sur toi-même qui le récuse
Mais voudrait l'écouter, le suivre et qui t'abuse
Sur le sentiment, dont ton trouble est envahi.
Mon bien-aimé, laisse-toi donc vivre! Le prix
Dort au fond du bonheur et non dans la tourmente,
Et tu ne m'aimes pas si, sûr de ton amante,
Tu préfères quelque ombre à son corps que tu tiens.
Ne te fâche pas, ni n'écoute mes paroles
Si rien en elles ne te calme ou te console;
Oublie celles-ci, vite, et n'entends plus rien.
N'entendons rien tous deux, veux-tu, sinon nous-mêmes.
Tout ce silence en nous qui nous dit que l'on s'aime
Et dans le même instant que tu doutes ou nies,
Nous jette l'un à l'autre au meilleur de la vie.

CATILINA

Qu'à t'aimer en repos je deviendrais heureux!
Comme je me voudrais de moi-même oublieux
Pour me mettre à tes pieds et librement te suivre!
Je saurais plus qu'un autre la douceur de vivre,
Mais voici qu'il me faut la fuir à l'heure où tout
Nous mêle davantage et me fait ton époux.
Je dois les retrouver; ils m'attendent, inquiets.
Laisse-moi les rejoindre.

TULLIE

O Sergius, rejoins-les !
Quand tu les auras vus, puisque tout sera prêt,
Donne-moi de ta nuit ce qui te restera.
Je t'attendrai dans l'ombre. Après, tu t'en iras
Sans que je puisse rien pour t'arrêter encore,
M'en remettant aux dieux pourvu que je t'adore !

CATILINA

Je te reviendrai vite, ô mon dernier bonheur !
Avant de conquérir mon rêve, que mon cœur
Batte à fond une fois, une nuit, tout entier !
S'il me faut disparaître, au moins j'aurai plié
Le meilleur du plaisir, par toi, sur ma poitrine.
Dis-moi, oh ! redis-moi, que sur toi je m'incline
Une fois, une nuit, sur de la vérité !

TULLIE

L'eau de la source où luit toute la nuit d'été
Est moins que moi, Sergius, transparente, certaine
Va, mon grand bien-aimé, c'est moi qui le commande.
Ensuite que l'amour de nous deux te ramène,
Tu trouveras en moi plus que tu ne demandes.

(Ils sortent ensemble. Un pâtre passe avec ses troupeaux, dans le fond, en jouant de la flûte. Elle revient, s'assied sur un banc de pierre rond, en quart de cercle. Après un silence.)

SCENE V

TULLIE

Qu'en advient-il de moi ? Je ne me connais plus.
L'Amour m'apprendrait-il, vers une autre vertu
Que celle des cités, des temples et des lois,
Le sacrifice entier par tout le don de soi ?
Plus qu'un autre, peut-être, en somme, il le mérite !
Le meilleur de lui-même est noble et, s'il hésite,
C'est parce qu'on repousse en lui toute sa gloire.
Le seul métal des dieux dans aucune victoire
Ne coule un acier pur, immarcessible, tel
Que ce glaive dressé puisse éclairer l'autel,
Et c'est des deux côtés que le sang l'éclabousse...
Mais que dis-je ? Quel est l'orage qui me pousse
A renier tous les miens, mon père et la Cité ?
Eros, sur l'abandon qui fait ma volupté,
Pourquoi persiste-t-il, quand même, l'inquiétude
D'une menace obscure et d'une solitude
Où proteste tout bas, dans l'oubli de la mort,
Une angoisse inconnue où grandit un remords ?
Ou bien, aurai-je peur qu'il ne revienne pas ?
Mais non ! C'est impossible, il sait trop mon émoi ;
Comme jamais encor je l'ai senti à moi.
Que m'importe après tout cette douleur féconde !
L'Amour sera plus fort que les calculs du monde.
Il les déjouera tous ; il dénouera leurs plans ;
A force de l'aimer, je l'aimerai tant, tant,
Que je transformerai sa sauvage aventure ;
Je lui rendrai son âme et sa belle nature
Telle que je la vois sous ce qui la détruit ;

Je saurai le sauver malgré tout, malgré lui ;
Je supplierai mon père ; et tous, réconciliés,
Redevenus enfin frères, pourront s'aimer,
Puis, loin du passé sombre à jamais disparu,
Mettront au front de Rome un soleil inconnu.
J'en suis sûre ; mon cœur vaut mieux que leur raison,
Et je puis, désormais, sans que la trahison
Paraisse m'incliner vers l'ombre de Pandore,
Suivre l'immense élan qui veut que je l'adore.
Je serai l'opposé de la première femme ;
Au monde enseveli, sous la perte de l'âme
j'apporterai la paix, le salut, l'âge d'or...
Mais je rêve, et qui vient ici contre mon rêve
Menacer son oubli, ternir son aile brève ?
Les amis de mon père, et Crassus avec eux ?
Je vais connaître tout ! C'est le ciel qui le veut !
(Elle remet son voile et se cache contre une maison.)

SCENE VI

STORAX, CLINIAS, CRASSUS

STORAX

Alors, en ce moment, le départ se décide ?

CRASSUS

Ils le règlent plutôt, car il est décidé.
Certains sont déjà loin aux routes d'Italie.
Les autres partiront, bientôt, vers l'Etrurie.
Avant que l'aube au ciel couvre l'astre argenté
Des nuages dont il meurt aux vagues de leurs rides,
D'une heure précédant une litière vide
Pour qu'on l'y croie amoureux de quelque beauté,
Méconnaissable aux plis d'un manteau phénicien,
En marchand de la mer, sous le bonnet phrygien,
Sergius partira seul, à peine accompagné,
A cent mètres de lui, par treize conjurés.

CLINIAS

En hâte, qu'un de vous prévienne Cicéron !

CRASSUS

Pour ne pas éveiller le plus vague soupçon,
Il me faut retourner chez Lentulus, près d'eux,
Car c'est là que, laissant Catilina chez lui,
Ils doivent en soupant achever cette nuit.
Dès maintenant, Clinias, réunissez vos gens
Pour les avoir nombreux et prêts ; il n'est que temps.
Storax vers le Consul ira de son côté.
(Tandis que Tullie sort de l'ombre, sans voile, et vient comme si elle passait.)

STORAX

Il faut qu'avec Clinias, d'abord, j'aille chez moi ;
Nos gens sont habitués à mes ordres, sans quoi
Ils pourraient se méfier, je sais ce qu'il faut dire
Et leur promettre aussi pour en tout obtenir.

CRASSUS

Amis, taisez mon nom, je reconnais Tullie.

CLINIAS

Les dieux l'envoient à nous pour prévenir son père.

STORAX

Excusez-nous, Tullie, est-ce vous?

TULLIE

C'est bien moi.

STORAX

Excusez-nous encor, Tullie, tutélaire,
Nous voudrions en vous voir une messagère.

TULLIE

J'envoyais tout à l'heure avertir que chez moi
Je rentrerais fort tard du temple de Vesta...
Mais qu'y a-t-il? Vous paraissez pris de surprise...

STORAX

O fille du Consul à la haute maîtrise
Il s'agit à cette heure, et par vous, de sauver
Rome de la tourmente où la veut l'insensé
Qui, tantôt, au Sénat...

TULLIE

Catilina. Je sais.
Mon père m'a déjà confié sa volonté.

CLINIAS

Puisqu'il en est ainsi, mieux encor! Vite, allez
Lui dire qu'à cette heure, seul dans sa maison,
Catilina qui veut fuir de Rome, son front
Couvert de crimes sous le bonnet de Phrygie,
Peut avant cette aurore avoir quitté la vie.
Un seul mot du Consul, dans deux heures à peine,
Tout sera terminé. Nous partons, quant à nous,
Vers Lentulus dont la demeure est plus lointaine.
Dites à Cicéron que nous lui livrerons
Les autres conjurés.

TULLIE

Quelle riche moisson,
Seigneurs, pour Rome auguste et toujours victorieuse!
Adieu. Je joins mon père, et je suis bien heureuse.
Mais avec plus de droits, il vous dira demain
Combien vous méritez le titre de Romain.

STORAX

Votre pâleur auguste est d'une autre déesse,
O divine Tullie! Adieu. L'heure nous presse.

(*Ils partent.*)

SCENE VII

TULLIE (*seule*)

Qu'ai-je fait? Plus que tout un instinct m'a poussée;
Il s'agissait, d'abord, pour moi, de le sauver,
Et c'est bien à lui seul qu'aussitôt j'ai pensé.
Mais je trahis mon père en agissant ainsi,
Et même si demain, après qu'il aura fui,

Je parle à son sujet, comment dissimuler
— Que je le veuille ou non, voici que j'en suis là! —
Ce retard qui, contre eux, sauve Catilina?
Effroyable équivoque où je me suis placée
Sans mesurer jusqu'où l'espérance insensée
M'entraînait à l'abîme et m'y garde, liée!
Est-ce donc impossible? Il me faut découvrir
Une issue... un moyen par lequel réunir
Mon amour, mes devoirs, ou bien, alors, périr
Avec lui, à jamais, maudite, reniée...
A moins que mon amour, en arrêtant son bras,
Le ramène au chemin que désertent ses pas;
J'implorerai mon père, alors, et sa clémence
Dans sa victoire même oubliera son offense;
Les jours qui passeront effaceront le drame...
Qui vient encore, et n'est pas lui?... C'est une femme.
Orestilla! Parée! A cette heure! En ces lieux!!!
Que me prépare encor le Destin insidieux?

(Elle se cache à nouveau.)

SCENE VIII

AURÉLIA ORESTILLA, DOMITILLA

AURÉLIA ORESTILLA

Il me croit, seule, à Brinde, où il m'a envoyée.
Je ne sais ce qu'il veut, ni tout ce qu'il médite
Depuis que ce matin, pâle, il m'a reconduite
A ma mère, en parlant d'un voyage imprévu.
Qu'importe, par ailleurs! Le tout est qu'il ignore
Que je demeure à Rome. Toi, tu n'as rien vu,
Sinon ma mère et moi. Mais il n'est rien à craindre..
Pourtant, si tu sentais un danger ou qu'encore
Un doute, en lui, germât, tu sais où me rejoindre.

DOMITILLA

Un danger? Lequel donc? Il n'en est pas pour vous.

AURÉLIA ORESTILLA

Tu songes, on dirait, bien plus à lui qu'à nous.

DOMITILLA

On murmure tout bas, on dit un peu partout
Que ses jours sont comptés. Je me demande aussi
Devant tant de récits étranges et confus
Qui s'assemblent, au moins, pour menacer sa vie,
Ce qui est... J'ai peur que vous ne le voyiez plus.

AURÉLIA ORESTILLA

Depuis longtemps qu'ainsi mon âme est torturée,
J'en ai pris l'habitude et, moins que toi, m'alarme.
Non. Je connais le fonds de sa triste pensée,
Et s'il voulait, enfin, tout risquer par les armes,
Son silence lui-même me l'aurait avoué.
C'est quelque absurde femme et, sans doute, Tullie
Qui l'occupe à cette heure... Ah! qu'il m'a fait souffrir,
Et si j'y songe encor, comme je hais sa vie!
Si je n'avais les bras d'un autre pour guérir
Du poison qu'en ma veine, autrefois, il a mis.

Si je n'allais le voir et si tu disais vrai,
Malgré tout le regret qui persiste, il faudrait
Dans un instant de rage étouffer mes soupirs
Pour me taire longtemps et ne pas révéler
Le ténébreux dessein qui le fait redouter.

DOMITILLA

Que vous le détestez sans cesse, malgré vous!

AURÉLIA ORESTILLA

Je l'aime encor, peut-être, en effet, malgré tout.
Le lien mystérieux qui demeure entre époux
Est long à dénouer les maillons de sa chaîne;
Mais je veux oublier sa poitrine inhumaine...
Comme moi, tu es libre. Sois heureuse aussi.
Le Plaisir vaut l'Amour, Domitilla, la nuit.
Et quand il est profond, le sommeil y remplace
Le rêve dangereux qui veut y prendre place.
Je ne peux plus, d'ailleurs, rien méditer que lui ;
Il est le dernier dieu sur notre immense ennui;
Seul en nous il met l'aile en feu qui nous dépasse
Pour nous sauver de tout ce qui nous a déçu
Par delà les leçons vaines du souvenir,
Grand roi des derniers rois, plus vrai que l'inconnu
Qu'il pare éperdument du frisson revenu
Puisqu'il renaît sans fin, sans jamais en mourir,
Seul immortel vivant, ô merveilleux Désir!

(Elles passent.)

SCENE IX

TULLIE

Je suis seule à l'aimer et je ne puis le faire!
Je suis sûre du moins d'être sienne contre elle.
Qui ne sait que haïr, d'unir un cœur de mère
A celui de l'amante, aux feux de la maîtresse...
Quelle affreuse nature éclate dans son zèle
A ne penser qu'à soi! Comment peut-elle plaire?...
Comment fait-elle aussi pour vivre sans tendresse?
Mais ma tête égarée hésite entre ses maux.
Je ne sais que l'aimer, et voici qu'il me faut
Lui mentir, et je cherche à mentir à mon père
Sans découvrir comment, par quel excès d'honneur,
Lui qui sait mon penchant sans connaître mon cœur,
Je lui dirai pourquoi j'ai tu jusqu'au matin
Ce qu'il devait connaître... Hélas! pourvu qu'aucun
Ne l'ait averti!... Ma pensée me fait peur;
Elle brûle mon front collé sur son destin
De minute en minute, en tout, plus incertain...
Et lui qui ne vient pas!... Que tenter s'il arrive?...
Il me reste un moyen, le faire renoncer.
Aucun autre n'est bon afin de le sauver;
L'amour remplacera le but dont je le prive...
Je m'acquitte moi-même, et mon retard s'explique
Puisqu'il voulait servir Rome et la République.
Ainsi je vais l'aimer, enfin, sans en rougir.
Je peux laisser vers lui mon cœur s'épanouir
Et mon corps éperdu, dans la douceur nocturne
De cette unique nuit, en ses bras comme l'urne

Funéraire d'abord, mais baptismale ensuite
Ou l'Amour sur la Mort qu'il saura mettre en fuite,
Vainqueur de tous les maux, le sauvera des siens
En l'unissant à moi par le plus fort des liens.
Qu'importe s'il faut fuir, après, au bout des terres!
Absous de tous, un jour, nous reviendrons, prospères,
Renouvelés, plus forts, et ce sera mon père,
A son tour attaqué, sans doute, qui voudra
Joindre un glaïve à l'Esprit, à l'éloquence un bras...
Mais que fait-il? Pourquoi n'est-il pas déjà là?
Se pourrait-il, vraiment, qu'il ne revienne pas?
J'en tremble. Hélas, personne! Il est l'heure, pourtant.
Que fait-il pour laisser se perdre les instants?
Me redeviendrait-il douteux, inexorable?
Ne serai-je qu'un jouet dans sa main implacable?
Qui croire? A qui me fier? Où porter sous ses yeux
La fièvre qui m'accable et fait frémir mes vœux?

SCENE X

(*Catilina s'avance.*)

Oh! pardon! je doutais de ta promesse même,
Tant je tremblais pour toi, Sergius, tant mon cœur t'aime.
Ouvre-moi tes grands bras, écoute ma prière!
Ah! ne me quitte plus. Fuyons tous deux ensemble.
La vie peut renaître ailleurs. Crois-moi, je tremble
A sentir le malheur sur mon bonheur si doux.
Quitte des projets vains, tumultueux et fous,
Dont la trahison tisse et retisse la trame;
Vis pour moi, puis pour moi laisse fleurir ton âme
Libre loin de cette ville exécrable, impie,
Où l'on ne sait plus même espérer dans la vie.
Laisse-moi t'emporter... car, si tu ne veux pas,
Malgré que tout y soit atroce, alors demeure.
Attends encore un peu. Crois-moi. Ce n'est pas l'heure;
Oui, l'heure où tu peux vaincre et les dominer mieux
N'a pas sonné. Ne perds pas ton temps avec ceux
Dont plus d'un qui te suit te livre en te pressant.

CATILINA (*qui cherche à se dégager d'elle au fur et à mesure qu'elle parle*)

Ainsi, c'est pour ça que tu m'as fait revenir!
Crassus ne voulait pas me laisser repartir
Seul et si vite quand j'eus détaillé mon plan;
Il me voulait dans ma maison, en s'en allant
A l'abri du poignard ou d'une perfidie
Et c'est toi leur moyen, toi que j'aime, Tullie!

TULLIE

Insensé que j'adore à tel point que j'oublie
Ton langage à l'instant même qu'il m'humilie!
Apprends donc que, tandis qeu Crassus te quittait,
Il venait ici même te vendre et voulait
Qu'on t'arrrêtat sur l'heure, ou, du moins, avant lui.

CATILINA

C'est vrai?

TULLIE

Tu doutes de moi, mais tu crois en lui!

CATILINA

La preuve?

TULLIE

Puisqu'il te faut une preuve encore,
Ne dois-tu pas quitter la ville avant l'aurore,
Seul, à cent pas, suivi de treize hommes des tiens,
Précédé de litière et sous bonnet phrygien?

CATILINA

Incroyable vraiment!

TULLIE

Mais me crois-tu du moins?

CATILINA

Pardonne, ma Tullie, à ton tour, à ma fièvre.
Pour m'en assurer mieux, redonne-moi tes lèvres.
Misérable Crassus, je vengerai sur toi
L'injure que tu m'as fait faire à notre foi!
Oui, oui, pardonne-moi, je n'ai que toi au monde.
Viens, je veux tout pleurer sur ta gorge profonde.
Rien ne m'importe plus jusqu'à l'aube que nous,
Et, je le jure ici, je serai ton époux.
Si la victoire ensuite, après l'amour, couronne
Du laurier d'or le myrte doux que tu me donnes,
Bien-aimée adorable à la sûre tendresse
Par qui je me retrouve aux jours de ma jeunesse,
Quand je mêlais la vie au rythme de mon cœur!

TULLIE

Sois d'abord mon amant avant d'être vainqueur!
Pars vite devant moi vers la maison secrète
Où nul ne sait nos noms; laisse la porte ouverte.
Je te suis. Il vaut mieux, malgré l'heure tardive,
Qu'on ne nous croise pas ensemble sur la rive
Du Tibre où les amants s'attardent dans la nuit.
Encore un long baiser, pourtant, qu'il te protège...

CATILINA

Cieux étoilés, sur nous dispensez le cortège
Qui préside à vos lois; éclairez-nous toujours!

(Il s'en va à reculons en la regardant.)

TULLIE

Mes pas suivent tes pas, doucement, mon amour.
Et tu les entendras, derrière toi, dans l'air..

(Catilina sort.)

SCENE XI

TULLIE

O mondes inconnus, trônes de Jupiter,
Par Vénus et Vesta, je vous prie à mon tour!
Protégez sous le ciel que votre feu décore
Mon bonheur douloureux et qu'il y soit scellé
Bien après que la nuit en moi l'aura sacré,
Bien après que le jour aura chassé l'aurore!
Faites que je ramène à la route des Dieux
Le mortel le plus noble et le plus malheureux.
Afin que Rome, libre, ouvre vers lui ses portes

Qu'il voulait enfoncer par de noires cohortes !
Et toi, fils audacieux de la Grande Déesse,
Victorieux des plus forts, tends ton arc invincible !
Marche devant mes pas, puis, d'un bras sans faiblesse,
A jamais près de nous, dieu de notre jeunesse,
Eventant nos sentiers de ton aile invisible,
Tire au fond de son cœur ton trait le plus terrible !

TROISIEME ACTE

« *Aquilam illam argenteam cui ille etiam sacrarium scelerum domi suœ fecerat...* »

Cicéron, Cat. 60. — *Cfr. Salluste,* Cat. 59.

« *Nous ne voulons point faire la guerre à la République, nous voulons seulement défendre notre liberté contre la violence de nos créanciers et l'arbitraire du prêteur. Tous nous sommes réduits à la misère par l'avarice des usuriers et la protection odieuse que les magistrats leur accordent. Après avoir versé notre sang dans tant de guerres, nous n'avons plus de patrie, plus de patrimoine; nous ne pouvons même plus vivre libres comme les lois de nos pères le permettaient; avis aux débiteurs insolvables... Nous ne demandons que la liberté à laquelle les gens de cœur ne renoncent qu'avec la vie... Qu'on ne nous mette pas dans la nécessité de vendre chèrement notre vie comme des hommes habitués à ne pas craindre la mort.* »

Salluste, Cat. 33.

« *C'est par le fer qu'il faut nous ouvrir une route. Argent, gloire, liberté, patrie, voilà ce qu'il nous faut gagner à la pointe de l'épée. Si nous sommes vainqueurs, tout est à nous; colonies, municipes nous sont ouverts; partout, dès lors, abondance de bien. Si nous cédons à la peur, tout nous devient contraire. Plus d'asile, plus d'amis pour vous si vous jetez vos armes. Souvenez-vous, soldats, que l'ennemi n'est pas pressé comme vous par une nécessité furieuse. Nous combattons, nous, pour avoir une patrie, la liberté, la vie... Si la fortune vous trahissait, au moins ne tombez pas sans vengeance. Ne vous laissez pas prendre pour qu'on vous égorge comme un troupeau, mais battez-vous comme des hommes et, s'il faut laisser la victoire à l'ennemi, qu'elle lui soit douloureuse et sanglante !* »

Salluste, Cat. 58.

⁂

La tente de Catilina, dans les Apennins. Au centre, en avant, le taurobole. L'autel, selon la forme rituélique, porte en face, dans la pierre, la tête classique de taureau en squelette surmontée d'une étoile. Forme d'un tombeau haut. Une guirlande tombe autour des deux côtés. A gauche, derrière la chaise curule du chef, dans une sorte de retrait, entre les lances et d'autres insignes, au centre, l'aigle d'argent qu'on dit celle de Marius. Au fond, face à la scène, l'ouverture de la tente. Quand elle se soulève, on aperçoit par delà des soldats et des armes, entre des montagnes aux cimes irrégulières et des sapins, une étendue infinie. La toile de la tente est d'un orange roux qui tire sur le cinabre comme les voiles des anciens navires de Venise. L'autel est blanc; la portière, au fond, violette. Le siège est d'ébène. Des dessins d'or, frustes, dans le goût étrusque, courent au milieu sur la toile de la tente en une large bande.

Au lever du rideau, le Dendrophore dispose les entrailles de la victime. Le sang coule encore sur l'autel éclaboussé. Il se tourne vers Aurélius après avoir vérifié l'encens dans les deux trépieds qui s'élèvent de chaque côté du taurobole.)

LE DENDROPHORE

Maître, tout vous attend; les entrailles sont prêtes;
Tué selon le rite ancien un taureau noir
Permet que sur l'autel le Destin qui s'arrête
Vous livre ses secrets. Il fume encor. L'Espoir
Du Salut palpite, invisible, sur nous-mêmes,
Et c'est vers l'inconnu voilé du Dieu suprême
Que Marcus unira nos trois âmes en lui.

MARCUS *(après avoir allumé l'encens des trépieds)*

Père éclatant, toi qui rayonnes, toi qui luis,
Dispensateur des jours, régulateur des nuits,
Toi qui es à jamais, toi qui deviens toujours,
Toi la Lumière, toi l'Ame du Monde,
Malgré l'indignité qui mine notre amour,
Ouvre-nous les trésors dont ta sagesse abonde!
Si l'homme et le soleil engendrèrent un homme,
Ainsi qu'il est écrit sur les tables antiques,
Verse en nous la clarté de l'esprit prophétique,
Fais-nous renaître en toi que nul ne nomme;
Ta force au cœur de tout, immense, universelle,
Sème les âmes et les ailes,
Produit la substance éternelle,
Puis la répand et la recueille dans l'unique.

(Après une pause.)

Soleil de tous les Dieux, Etoile des étoiles,
Ciel primitif, présent derrière tous les voiles,
Feu profond flamboyant sur sa grande lumière,
Perpétuel créateur de ton propre mystère,
Invisible et, pourtant, présent,
Toi que le cœur impose à l'Esprit qui l'appelle,
Toi qui sera la fin et le commencement,
Qui as été toujours, avant même le Temps,
Bénis ici nos mains fidèles!
Elles sont blanches sur le sang de ton autel.

AURÉLIUS *(qui s'avance vers l'autel)*

Sur cette terre primitive d'Etrurie,
Où Numa l'initié, dans la forêt qui tremble,
Tenta d'ouvrir à Rome, alors jeune, la vie,
La seule véridique où, d'un seul cœur, ensemble,
La terre et le ciel, unis, joignent leurs destins,
Nous retrouvons la foi des livres sybillins.
Rome paye aujourd'hui la leçon de l'orgueil
Qui la fit se fermer, sombre sur son grand deuil,
A travers l'éploiement même de sa victoire,
Car nul ne peut renier son âme sans déchoir,
Même si, par ailleurs, ce qui subsiste encor
D'elle à travers la gloire étend ses ailes d'or.

(Il va vers le Taurobole. Assisté de deux prêtres, il inspecte les entrailles. Il se relève.)

La ville de la Louve est en vain menacée
Des deux principes dont, à travers les armées,
Les causes heurteront, sans le savoir, leurs glaives.
Le plus grand, bien qu'en lui tant de nuages s'élèvent
Et que son succès doive accumuler ses maux,
Continuera sur des cadavres en monceaux.
Horreur! La Mort est là!... Non, je ne puis y croire!
Pourtant, elle s'inscrit, sans qu'aucune victoire

Couronne de sa palme une lutte effrayante
Et voici qu'à nouveau dans l'entraille mouvante
Je retrouve l'arrêt, toujours plus redoutable...
Mes fils, les Cieux sur nous ne sont pas favorables,
Mais si la vérité se révèle à nos yeux,
Soyez, à son sujet, prudents, silencieux.
Nous seuls, peut-être, ici, méritons de savoir.
Ne permettez en rien qu'elle affaiblisse ceux
Qui vont périr afin d'aider l'arrêt des dieux.
Allez, et rallumez en vous l'antique espoir!

(Ils sortent, après s'être inclinés.)

SCENE II

AURÉLIUS *(après s'être penché à nouveau sur l'autel taurobolique)*

D'autres signes, pourtant, sur Rome sont tragiques,
Mais pour Catilina la marque fatidique
Réapparaît... Je la récuse et je la vois,
En la voulant passer, pour la troisième fois.

(Il s'éloigne de l'autel.)

Ainsi, de tant d'orgueil dans tant de volonté,
Il ne restera rien qu'un effort indompté,
Mort sous l'opprobre et le sang d'une cause étrange
Où montait, par delà le guerrier qui s'y venge,
Un peu du châtiment que Rome connaîtra.
Pourquoi, sans m'écouter jamais, Catilina
A-t-il tout méconnu des règles immortelles?
Elles seules dominent, et leurs vrais fidèles
Au-dessus du tourment des humaines querelles
Peuvent en les servant triompher par leurs lois...
Que lui dire? C'est l'heure où décide son zèle.
Je vois la lutte si proche que j'en frémis.
Déconcertant, fatal, il se torture ici,
Prisonnier du destin funeste qui l'emporte
Dans l'élan ténébreux de ses noires cohortes,
Impatientes autant que leur chef de combattre.
Comment mentir? Je sais que rien ne peut l'abattre;
Néanmoins pour avoir plusieurs fois ordonné
Le sacrifice, il faut qu'il ait bien hésité.
A retarder l'issue, à lui dire d'attendre,
Mon devoir n'est-il pas, en ce jour, de prétendre?
Qu'importe s'il m'en veut! Je dois être équitable,
Surtout envers qui gronde un sort inexorable;
Demain peut-être, enfin, celui-ci peut changer.
Qui sait si les Dieux ne veulent pas l'arrêter
Pour le garder, plus tard, à des causes plus justes
Afin qu'en son génie, enfin, le Bien s'ajuste
A toute sa révolte et la rende sacrée?
Mais le voici! Comment lui livrer ma pensée?

SCENE III

AURÉLIUS, CATILINA

CATILINA

Les Dieux, cher Aurelius, sont-ils, enfin, propices?

AURÉLIUS

L'incertitude encor monte du sacrifice.
Les Dieux, tout en voilant les jeux du lendemain,

Ne semblent pas pour nous, et ma magie, en vain,
Plusieurs fois a cherché le signe favorable...
Il s'est plutôt, vers toi, dessiné redoutable...

CATILINA

Que dis-tu?

AURÉLIUS

Dois-je parler ou me taire?

CATILINA

Va!

AURÉLIUS

Il est trop tôt, mon fils. J'attendrais le combat
En le préparant, si j'étais Catilina.
Déjà le camp s'achève, sûr, inexpugnable,
Surélevé, tassant ses gazons et ses sables
Dans ses pieux sur les monts les plus hauts d'Etrurie.
Laisse-les s'approcher. Peu à peu l'Italie
Toute entière opprimée, à cette heure incertaine,
Quoique déjà furieuse et rude dans sa haine,
Espérera vers toi. Sur l'immense rancune
Qui gronde en son cœur las d'attendre la fortune,
Tu deviendras le ralliement, car sa souffrance
T'environne d'un rêve où, vers sa délivrance,
Elle te voit un peu l'instrument du Destin.
Auréolé dans les neiges de l'Apennin,
Tu pourrais t'avancer ensuite et y asseoir
Un autre camp. C'est là, souvent, que vers le soir
Les pasteurs réunis sous les astres divins
Parlent de ta valeur. Par eux, porté plus loin,
Tu saurais préparer la Gaule italienne.
Ses peuples ombrageux, de jalousie ancienne,
Depuis longtemps ont médité sur leur revanche.
Cet ensemble établi, si la balance penche
Même à peine, si le rite augural aussi
Nous indique l'indice où ton étoile luit,
Alors marche, mon fils, jette-toi sur la Louve!
Les Dieux seront pour toi jusqu'à ce que tu trouves
Au cœur du Capitole, enfin par la Victoire,
Vers Minerve et Thémis, instrument de leurs vœux,
Sous l'autel trop souillé, pure, la pierre noire,
Base du premier culte au-dessus de la gloire
Qu'il faut, pour sauver Rome, exalter jusqu'aux cieux

CATILINA

Attendre! Attendre encor?... Tu parles comme ceux
Et celles qui voudraient que je change ma vie.
Mais qui donc l'a détruite, aux rouilles de l'envie,
Qui l'a poussée, qui me l'impose, contraire
A ce qu'ils la voulaient, disent-ils, pour soustraire,
Sous des vernis légaux et de fausses vertus,
La crainte qui les ronge et, bien qu'il reste tu,
Le désir que ma mort épargne à leurs larcins
L'éveil de tout un peuple sous les cieux latins
Pour que l'attente soit possible, il eût fallu
Pouvoir rester dans Rome; ils ne l'ont pas voulu.
Exprès ils m'ont tendu le piège du Sénat;
Exprès ils m'ont fait fuir, ne me rencontrant pas
Dans ma maison déserte où, déjà, leurs poignards.

Préparés en secret, mais comme par hasard,
Tâtaient jusqu'à mes murs, pour trouver ma poitrine.
Je me suis arraché des réseaux de leurs ruses
Je ne sais pas comment, ni même si j'abuse
De ma chance en déjouant leurs desseins sans pitié
Lorsque je me souviens de ce qu'ils ont tenté.
Il est trop tard. Tandis que je priais les Dieux,
Lentulus, trahi par Crassus, et même ceux
Qui, de moins près, épars par la ville divine,
M'aimaient, étranglés dans la prison Mamertine,
Sont morts traîtreusement sur l'ordre du Consul.

AURÉLIUS

Cicéron? Je ne puis croire qu'il l'ait osé.

CATILINA

Son cœur seul n'aurait pu vaincre en lui son recul,
Mais Terentia sur lui sait son autorité;
C'est elle, en le flattant, qui l'aura décidé.
Quand le soir, au Forum, il passa, fraternel,
La foule interrogea le consul solennel.
« Ils ont vécu », dit-il, de son air noble et vain.
Deux mille chevaliers, reniflant leurs victimes,
L'entourèrent alors comme un sinistre essaim
Pour glorifier en lui légalement leur crime,
Et, comme on fait pour un dictateur victorieux,
Escortèrent chez lui l'assassin délicieux.

AURÉLIUS (*après un silence*)

Ton récit triste, hélas! confirme mes présages,
Tout s'accumule autour de toi pour un orage.
Pourtant c'est peut-être eux qu'ils indiquaient, pas toi.

CATILINA

Tu avais vu ma mort et ne le disais pas!

AURÉLIUS

J'avais surpris, trois fois, l'indice d'une fin,
Mais rien ne précisait celui que le destin
Marquait ainsi du trait suprême; c'est pourquoi
J'ai voulu seulement retarder tes desseins.

CATILINA

Même si c'est la Mort, je suis prêt à la suivre.
Je ne suis plus mon maître. Il me faut vaincre et vivre,
Ou périr à jamais de ma propre défaite.
Mais qui sait! Sur demain plus d'une porte ouverte
Attend l'audacieux qui saura la trouver
Et, vers tout l'avenir encore à susciter,
Entraîner avec lui dans son sanglant sillage
Un peuple las d'attendre, arraché de sa rage,
Tout à coup relevé, délivré de ses fers,
Puis prêt à les brandir contre tout l'univers.
Va, mon père, je veux devant l'aigle d'argent,
Seul à seul, face à face, esclave de mon temps,
Quelque signe qu'au ciel attestera ma main,
Décider de moi-même et du monde romain.

AURÉLIUS

Mon fils, j'ai dit les Dieux; le reste t'appartient.

(*Il sort.*)

SCENE III

CATILINA (*après avoir regardé l'autel*)

A quoi bon se pencher sans fin sur l'avenir?
Il n'est pas plus inscrit sur l'autel de l'augure
Qu'au sang du Taurobole ou dans le souvenir
De l'Histoire, aux leçons qu'y cherche l'aventure
De ceux qui sur son bronze ont cru trouver des lois;
Il n'est pas en lui-même, et ni dans l'autrefois,
Et sur nos vains calculs qui supputent sa ligne,
Le compas à la main, aux chiffres qu'il désigne,
Ou le couteau du prêtre aux chairs de la victime,
Le cercle insaisissable, au plus noir de l'abîme,
Aux pas de la Fortune et de ce qu'elle y joue,
Tourne vers l'inconnu les rayons de sa roue.
Les Dieux même, peut-être, emportés comme nous
Dans l'orbe où s'inscrit, muet, le mouvement du monde,
Ont peine à dominer sa course vagabonde.
Sur ce hasard sans fin, plus grand que la Raison,
Il n'est que d'être fort pour imposer son nom.
A d'autres, satisfaits d'une incertaine esquisse,
Le rêve où leur pensée, en s'y suffisant, glisse
Comme une ombre au contour incertain sur les choses,
Il me faut le rosier avec toutes ses roses;
Je ne sais de certain que ce que ma main prend;
Je tiens le glaive sur la page de mon temps;
Elle est vierge et, malgré tous les dieux, ne sera
Que ce que ma bataille, un jour, y inscrira.

(*Il s'assied.*)

Si je dois échouer, que m'importe la vie!
J'en connais trop l'horreur pour en regretter rien.
Tout y est mensonger. Quand je songe à Tullie,
Je m'interroge encore et je recherche en vain
Si l'amour seul guidait, au delà du plaisir,
Son cœur au corps charmant fait pour me retenir...
D'autres ou d'Aurélie, hélas! ne disons rien!
Quel mal il me fallut, dans cet ardent matin,
Pour briser avec elle et fuir de ses longs bras!...

(*Il se lève et, tourné vers l'aigle.*)

Toi seule, éclose aux champs de la guerre civile,
Aigle du peuple obscur et de Catilina,
Tu connais ma pensée et tout ce qui l'exile
Loin d'un destin vulgaire acheté pas à pas.
Rome à qui veut la prendre offre un laurier certain.
Pourvu qu'il réusisse, il aura le Sénat,
Les chevaliers, la plèbe, et les Dieux avec lui
Diront qu'ils l'attendaient pour être mieux servis!

(*Il rit douloureusement.*)

Aigle de Marius, venge-le, venge-nous!
Aux pieds de Jupiter, sois tutélaire à tous!
Puisque seul j'ai sauvé ton secret de l'insulte,
Seul depuis lors aussi, pieux à te rendre un culte,
Inspire à ton élu qui te veut triomphante
La sûre volonté, la décision savante
Qui servira le mieux ton vol sur la Patrie,
Puis, dans le Capitole où reviendra la vie,
Sur tous les dieux du monde et les clartés nouvelles,
Fixera pour leur bien tes longs battements d'ailes.

(*Il s'assied à ouveau.*)

Moins de dix jours, alors tout sera préparé,
Et l'Italie entière attendra d'attaquer
La bande d'usuriers qui décime le reste.
Que prétend Aurélius? Contre une telle peste
La victoire est certaine et je la vois radieuse.
Qui pourrait arrêter l'ascension merveilleuse
D'un peuple conquérant sa propre liberté?
Il faudrait avoir peur de soi pour hésiter;
Seul je serais l'obstacle à la résurrection,
Car je sais ce qu'on dit, bas, contre mon action,
Même ici, quelquefois. Sans moi, que serait-elle
La cause de la plèbe à soi-même infidèle
En tout temps, dès qu'il faut qu'elle agisse sans maître!
Elle n'ose jamais ni frapper, ni paraître.
J'en suis le vrai moyen, le seul même, peut-être;
Il n'est plus que César et moi depuis Sylla.
Tout ce que je désire un jour existera
Puisque la République est morte dans chacun,
Malgré tous leurs efforts, vainement importuns.
A part Caton, nul n'a l'esprit des premiers âges.
Mais aucun ne s'égale à son rude langage,
Tous l'exècrent en secret, bien qu'en l'honorant.
Sa rigueur elle-même va contre le temps;
Tout, au contraire, court vers le but où je marche,
Au point qu'il n'est personne, en soi, qui ne le sache.
Rome, pour être libre, a besoin qu'on la mène;
Elle flotte indécise entre les mille chaînes
D'une caste déchue acharnée à l'user;
C'est lutter pour son bien que de l'en délivrer,
Mais qui vient? Je suivais si bien ce qui m'entraine...

SCENE IV

CICADA

Pardonnez si j'enfreins la consigne sévère.
Les gardes avancés ont vu dans la lumière
Grandir des plaines vers le premier défilé,
Devant toute une armée où les cuirasses claires
Des hoplites brillaient, l'avant-garde légère
Des cavaliers numides blancs sur leurs coursiers.

CATILINA

Je préparais l'attaque, ils viennent m'attaquer.
Es-tu sûr? As-tu vu la garde consulaire?

CICADA

Les guetteurs n'ont encore, au loin, dans la poussière,
Pu distinguer rien d'autre, mais il est certain
Que Rome qui nous cherche est sur notre chemin.

CATILINA *(qui se lève)*

C'est bien. Que tout soit prêt. Dans la montagne même
Avant de reculer pour la lutte suprême
S'il le faut, dans le camp à peine terminé,
J'épuiserai leurs chefs. Cicada, fais sonner
Les trompettes d'airain. Annonce ma venue.
Ouvre ma tente sur la victoire inconnue,
C'est elle qu'ils apportent dans leurs aigles d'or
Vers mon aigle d'argent qu'ils ignorent encor

Mais qui terrassera leur orgueil détesté.
Je te suis. C'est notre heure. Elle devait sonner.

(S'adressant à un des gardes qui veillent à la porte.)

Va chercher Aurélius. Dis-lui que je l'attends.

(Passant son glaive et s'entourant, sur sa cuirasse, d'une toge rouge.)

Je discutais encor quand il n'était plus temps.
J'aime mieux cet arrêt qui tranche tous les doutes.
Pour celui qui doit vaincre, il n'est plus qu'une route
Et le reste est fini qui ne l'y mène pas.
César m'avait promis de précéder mes pas;
Il n'a pas même su me prévenir; il pense
Que l'heure est mal choisie, et, dans son lourd silence.
Il suppute la sienne: il la préfère à moi.
C'est dans l'ordre. Tout va se jouer en une fois

(Tandis qu'il parle, les trompettets sonnent. La rumeur du camp grandit.)

C'est ma vie ou ma mort que ce bruit-là décide.

SCENE V

PROBUS *(entrant vite, suivi de quatre capitaines)*

Seigneur, on reconnaît les équipes numides
Puis, derrière la masse immense de l'armée,
Les aigles du Consul, la garde aux courts crins rouges,
L'éclat des haches sur les grands faisceaux qui bougent.

CATILINA *(s'enroulant dans sa toge retombée)*

La pourpre véritable a quitté leurs épaules.
Avant qu'il ne soit nuit, nous changerons les rôles.
C'est tout un désespoir qui les porte si vite
A m'attaquer ainsi pour sauver les quirites.
Une seule victoire, et l'Italie entière,
Soulevée en un jour, marchant sur leur arrière,
Changera leur défaite en déroute éternelle

SCENE VI

(Aurélius entre suivi des deux prêtres.)

CATILINA

Jamais rassasiés par le sang de la terre
Les Dieux, plus forts que toi, contre ta science austère.
Les auront décidés à marcher contre moi.
Dans la prière attendez donc ici tous trois.

(Nouvelles clameurs. Aux capitaines.)

Prenez l'Aigle!

AURÉLIUS *(s'approchant de lui)*

Sergius, j'ai connu ton enfance.
Je t'ai suivi toujours, malgré toi, en silence.
Nul vers les Dieux, jamais, n'aura su mieux prier.
Ma pensée, en pleurant, s'attache à ta personne.
Mais si contre ton cœur, mon cœur trop vieux frissonne,
Ce n'est pas de terreur; c'est ma tendresse ancienne,
Mon fils, qui, devant toi, veut que je t'appartienne.

CATILINA

Ton mal verse à mon âme une force certaine ;
Ton amitié fidèle et ta foi surhumaine
M'enveloppent d'espoir, et sur tes cheveux blancs
La lumière du ciel met des clartés d'argent.

SCENE VII

CICADA (*entrant brusquement*)

Seigneur, on vous attend. L'armée, audacieuse,
A l'annonce du choc ne se sent plus anxieuse
Par tout l'espoir qu'en elle, aussitôt, l'ordre a mis.
Frémissante, mais calme, elle acclame à longs cris
Celui qu'elle aime et sait déjà l'imperator.
Trois aigles noirs sur elle, au loin, venus du Nord,
Ont tourné lentement devant notre adversaire,
Puis, dédaigneux et beaux, ont regagné leurs cimes.
Le présage est certain pour votre armée entière
Qui les a salués de clameurs unanimes.

CATILINA

Tu vois, Aurélius, tout répond à mon cœur.
Aux pieds de ton autel je mettrai des trophées
Pour apaiser les dieux sombres de ta pensée.

AURÉLIUS

Va, mon fils, je prierai que leur front te protège !

(Catilina va sortir. Dès que l'aigle d'argent apparait sur la porte, nettement dégagée, hiératique sur le ciel bleu, les clameurs éclatent dans le son des trompettes, puis redoublent quand il s'y profile, le dernier, à son tour. Il y demeure un instant, puis lève la main et disparait. La portière de la tente retombe.)

SCENE VIII

AURÉLIUS (*tandis que les deux prêtres nettoient le taurobole*)

Les trois aiglés aussi, mieux qu'aucun sortilège,
En n'allant pas vers Rome, hélas ! sont véridiques ;
Mais nul ne l'a compris tant ils sont aveuglés.
Que je voudrais les croire et me sentir trompé
Jusqu'au fond de ma science, à jamais superflue !
Mais du sang du taureau, des trois vols dans la nue
Monte et descend vers nous un arrêt sépulcral,
Et je m'efforce en vain qu'il ne soit pas fatal.
Je le sens, même en moi, glacer jusqu'à l'espoir ;
Je cherche celui-ci sans qu'il puisse surseoir
A l'angoisse où mon être épuisé se consume...
Pourtant, je me voudrais comme l'encens qui fume
Pour disparaître au fil de ma propre fumée
Dans ma cendre à jamais effilée, épuisée...
Si quelque vague élan subsiste après la mort,
Tout en mourant d'errer aux pieds de Jupiter,
J'implorerais pour lui comme pour l'univers.
Le mal l'a peu à peu serré dans ses reptiles.
Le vice l'a flétri, mais son âme virile
Jusqu'en sa déchéance a gardé sa beauté ;
Il n'a rien démenti de sa sombre fierté
Qui sculpte sur la nuit du monde où rien ne monte
Un profit de révolte haute qui l'affronte.

Sa noblesse native attendait de la terre
Ce qui l'eût ramenée à sa source première.
Ses désordres montraient qu'il cherchait à se fuir...
Insatisfait toujours des fruits de son désir
Dont il croyait pouvoir étancher son regret,
Sans cesse vers ailleurs, triste, il se dépassait,
Et si le Temps avait voulu s'ouvrir à lui,
Il se fût arraché de sa funeste nuit.

(*Aux prêtres.*)

Priez, mes fils, tandis qu'implore ma supplique.

(*Il va vers le fonds de la scène, soulève la portière lourde, regarde et revient.*)

Comme le cœur humain secrète sa mystique !...

(*Silence.*)

Il est déjà parti chercher sa destinée.

(*Après un autre silence.*)

Le camp semble désert. Les gardes demeurées
Regardent vers l'Orient, songeuses, attentives,
Et moi-même qui sait la nef à la dérive
Tout en ne croyant pas à ma propre prière
Puisque j'ai vu l'arrêt formel que j'ai dû taire,
Je me prends à rêver d'espérance insensée,
Après même que l'heure, hélas ! en est passée...

(*Il vient mettre de l'encens dans le trépied tandis que les deux flamines sont à genoux de chaque côté du taurobole, et l'allument. Dès que l'encens commence à monter :*)

LE DENDROPHORE

Forces immenses, inconnues,
Qui, de la mer au fond des nues
Et du ciel vers la terre même,
Composez l'infini qui sème
Sur la Nature rajeunie,
Autour de l'armée au combat,
Comme au cœur de chaque soldat,
Mêlez et versez l'énergie !

MARCUS

Du métal clair des glaives courts,
Du fer des lances en ce jour
Où Rome meurt d'avoir été,
Trempe toutes nos volontés.
L'avenir de la Louve expire
Si dans sa mamelle tarie
Le lait nouveau d'une autre vie
N'arme plus le sang de l'Empire.

AURÉLIUS

Autour de lui soyez propices
O Divinités protectrices !
Sa révolte est la délivrance !
Le monde, muet sur sa souffrance,
Se couche comme pour mourir :
La Victoire devrait s'ouvrir
A lui dans l'ouragan des lances.

(*Une pause.*)

LE DENDROPHORE

Sur ceux qui tombent, sur ceux qui meurent,
Que les muses de la Douleur
Adoucissent leurs derniers moments !

MARCUS

Dans les blessés et les survivants,
Que les esprits de la vengeance
Les mènent à venger les mourants !

AURÉLIUS

O Mars ! O Dieu cruel, ils restent tes enfants !
(Une pause.)
Minerve, auguste, au Capitole,
Haute au long socle qui l'isole,
Tend la main sur la République ;
Vainement la Déesse antique,
Bombe en chacun un front solide :
Le Hasard règle la Raison,
La Nature suit les saisons,
L'homme va vers la Mort à vide.

MARCUS

Il cherche le chanvre invisible,
Passant tous ses rêves au crible
De ses efforts et de ses vœux.
Rien sur lui ne descend des cieux
Pour le guider sur son chemin ;
Les trois sœurs dans l'ombre funèbre
Filent le fil que l'éclair zèbre,
Se le passent de main en main !

LE DENDROPHORE

Seules, elles savent l'énigme
De chacun ; la vertu, le crime,
Se mêlent au long de leurs doigts ;
Et l'avenir, et l'autrefois,
Fondus au rouet de leurs quenouilles,
Tissent la trame de nos jours
Sans qu'en eux ou ni même autour,
Rien d'autre que le Fer y fouille.
(Une pause.)

AURÉLIUS

Sur vos doigts pâles, sur vos ciseaux,
Sur vos bras autour des fuseaux,
O Parques ! O sombres filandières,
Laissez s'alourdir nos prières !

MARCUS

Bien qu'en vous tout soit inexorable,
Si vous vous vouliez, tutélaires,
La mort s'arrêterait, secourable,
Aux humains rués sur leurs misères

AURÉLIUS

Pluton ! O Dieu fatal, toi notre dernier père !
(Une pause ; puis, tout à coup, la portière de la tente se soulève rapidement et un premier blessé, en sang, s'abat près de la porte, suivi des gardes qui, après qu'il a parlé, lui ferment les yeux et mettent son épée sur sa poitrine.)

Catilina m'envoie à travers le carnage,
Rassurer Aurélius, ton angoisse au grand âge.
Un choc irrésistible a d'abord arrêté

La marche du Consul sur sa témérité.
Jamais un pareil duel, même au temps de Sylla,
N'a d'autant de sang pur inondé l'Etrurie.
Le sort hésite encor, mais la victoire est là.
Sur nous, sur l'aigle claire où chacun se rallie.
A l'heure où j'ai quitté le front qui balançait,
A la tête des siens, Catilina entrait
Dans le centre enfoncé des gardes consulaires;
Pour décider les Dieux à servir nos bannières
L'aigle, derrière lui, lentement, avançait.
Je partis à son ordre, aussitôt, quand un trait
M'a percé la poitrine... Aurélius, sois heureux!
Tu vas saluer ce soir le peuple victorieux!

(*Il meurt.*)

AURÉLIUS

O Nautonnier du Styx, s'il est vrai que son âme,
Née, un jour, du plaisir de l'homme et de la femme,
Avec tant d'autres, à cette heure, atteint la barque,
Passe les doucement, délivrées des Parques,
Sur la rive où le chien aboie, où l'asphodèle
Parsème de douceur la prairie éternelle.
Ils sont morts pour leurs dieux, plus hauts que leur raison;
Tu leur devrais la paix, tu la leur dois, Charon,
Toi dont la rame lourde au fleuve à l'eau d'ébène
Ne ramène jamais de la nuit souterraine.

(*Une pause.*)

Qui croire? Par delà l'immense éther glacé
Où Chronos immobile, et Présent et Passé,
Siège au-dessus de tout, contre l'arrêt du sort
Quelque autre destinée, à nos arts muette encor,
En purifiant l'armée, aurait-elle glissé?

(*Au loin, très au loin, clameur, puis silence.*)

MARCUS

Vaste inconnu, maître du Monde,
Principe de qui tout abonde,
Toi dont l'humanité a faim,
Jupiter sous le ciel romain,
Quelle que soit la volonté,
Où que le courage s'achève,
Tu décides, ta loi s'élève
Et tranche dans l'obscurité.

LE DENDROPHORE

Le Bien devrait être ta cause
Mais, à travers la nuit des choses,
Comme pour notre destin même,
Il semble que le seul problème
Ne puisse être atteint par nos bras,
Il se dérobe à nos efforts,
Il nous trompe jusqu'à la mort
Et nous ne le saisissons pas.

AURÉLIUS

Le monde est-il réel ou non?
Le Juste, à l'être, sait l'affront
Perpétuel qui en résulte;
Si la Vérité reste un culte,
Pourquoi tout lui ment-il sur terre?

Jamais l'astre qu'elle postule
Ne règne, et c'est dans l'ergastule
Qu'il mène afin qu'on désespère !

(Une pause.)

MARCUS

Sur les chemins, sur l'aile des vents
Sur les villes, les continents,
La Fortune errante se déjuge.

LE DENDROPHORE

Lasse de rester sans refuge,
Qu'elle pose son pied ailé
Sur notre aigle dans la clarté !

MARCUS

Qu'elle illumine, qu'elle fulgure,
Invisible sous nos armures !

LE DENDROPHORE

Qu'elle aveugle de sa lumière
Ceux qui ont décidé la guerre !

AURÉLIUS

Fortune au noir bandeau sur tes yeux d'or voilés !

(Clameurs plus fortes. Bruit d'armes. Un courrier haletant, sanglant, tombe contre l'autel et s'écrie :)

LE BLESSÉ

Le centre de l'armée avance lentement,
Les ailes reculent sous le nombre ; à l'avant
De l'une, Mallius, vieux soldat de Sylla,
Couvert de sang et de blessures, est déjà
Tombé sans retenir ses troupes qui s'enfuient,
Tandis qu'à l'aile gauche où l'avant-garde plie
Le chef étrusque encor résiste, vainement.

AURÉLIUS

Catilina ?

LE BLESSÉ *(qui parle de plus en plus difficilement)*

Debout sous son aigle d'argent
Qu'on voit toujours le suivre, hélas ! et désigner
Le Maître aux coups nombreux qui veulent le frapper.
De nouvelles légions contre nous ont paru.
Les Allobroges ont trahi : trop attendus
Pour l'attaque finale, ils ne sont pas venus.
Il faudrait reculer en ordre dans le camp
Afin d'y reformer l'armée qui s'étend
Au hasard, mais les dieux nous veulent les vaincus ;
Et si Catilina ne t'est pas revenu,
Il croit pouvoir forcer le danger qu'il élude...

(Il est emporté par les gardes.)

LE DENDROPHORE

Tristesse ! Angoisse ! Solitude !
En attendant le coup plus rude
Qui brisera le doute même,
Je te pressens, heure suprême
Sur nous et qui nous détruira !

(Rumeurs. Sons de trompes.)

MARCUS

Sur nous elle a sonné déjà !
La défaite gronde, là-bas.
Elle retentit dans mon cœur ;
L'inconnu se mêle à l'horreur
D'un avenir qu'on ne sait pas !

(Rumeurs et bruits d'armes. Trompettets plus rapprochées.)

AURÉLIUS *(les mains sur l'autel)*

Ainsi tout s'était inscrit là !
Les signes furent véridiques.
Triste science trop prophétique !
O malheureux Catilina !

(Des guerriers entrent en armes.)

L'UN D'EUX

Tout est perdu, le camp ne peut plus se défendre.
Nous nous apprêtons tous et chacun pour mieux vendre,
Tel ils l'ont fait ensemble, leurs derniers moments ;
Ils le paieront les uns, les autres, de leur sang ;
Comme eux tous nous mourrons sous le glaive romain,
Terribles aux vainqueurs et le fer à la main,
Calmes sous le ciel d'or qui brûle jusqu'aux neiges,
Dédaigneux de nos jours dont le fil court s'abrège.

(Les prêtres se rapprochent des deux côtés de l'autel contre lequel Aurélius est demeuré. Les soldats laissent passer Cicada.)

CICADA *(hagard)*

Où est-il ?

AURÉLIUS

A l'autel où il demeurera.

CICADA

Crains le courroux de ceux qu'irrite un sang versé,
Catilina n'est plus, Père, il a succombé,
Bien avant et bien loin dans l'armée ennemie
Où il s'était fait jour au delà de la vie,
Car c'est un long chemin de cadavres affreux
Qu'il précède sur terre en attendant les cieux.
Malheur sur nous ! Malheur sur Rome ! Haine au monde
Qui a permis ces maux dans la gloire inféconde
De tant de morts voués à la guerre civile !
Nous voulions arracher à la glèbe servile
La populace esclave et la rendre inouïe
Pour sauver l'univers en lui donnant la vie.
Mais l'imposture horrible où Rome se débat
L'a dressée afin d'abattre Catilina.
C'était son meilleur fils. Cicéron est infâme.
Il n'a pas combattu. Il a suivi le drame,
Expert à la parole, incapable à l'épée,
Trop lourde et dangereuse à sa peau distinguée.
Il prépare sans doute à loisir sa harangue
Habile à récolter, pour remuer la langue
Sur la moisson des autres et pour célébrer
La trahison de ceux qu'il aura bien payés...
La vie est trop horrible à qui sait son mensonge ;
Elle n'est même plus l'ombre belle d'un songe.
La nuit vaut mieux. Nul bras n'aura l'honneur de vaincre
Celui qui ne peut plus qu'à la mort se contraindre.

(Il se frappe.)

Je meurs et je rejoins ceux dont la volonté
Voulaient offrir à Rome, enfin, la Liberté.

(Il tombe devant l'autel. Les trompettes sonnent. La garde consulaire entre. Derrière elle, les centurions portent un cadavre. Ils hésitent. Aurélius va vers eux et leur montre l'autel. Ils le déposent sur le Taurobole. On reconnaît Catilina. Nouvelles sonneries de trompettes. Les licteurs paraissent, avec les faisceaux. Cicéron les suit. Après avoir regardé la tente, il s'avance vers l'autel et le fixe. Les trois prêtres se sont mis à genoux.)

CICÉRON

Il garde encor vers moi son front audacieux.
C'est bien fini. Le ciel a satisfait mes vœux.
J'ouvre à Rome sauvée un âge bienheureux.
Tout est selon le Vrai, la Gloire, la Justice.
J'ai vu clair. Il faut bien que la Loi s'accomplisse !

AURÉLIUS *(qui se relève et regarde Cicéron)*

La Justice, ô Consul, qui peut en être sûr ?
En cherchant dans ton cœur tout ce qui t'a guidé,
Sur les mânes des tiens, jure que tout fut pur,
Puisqu'il n'est plus, avant, toujours, que d'accuser !

CICÉRON

Quelle audace en ces lieux ! Gardes, qu'on le saisisse !

AURÉLIUS *(entre les centurions)*

Je suis trop vieux pour craindre ou même désirer.
Je sais déjà la Mort ; j'ai peut-être trouvé
Ce qu'elle me réserve, ce qu'elle est, sans doute.
Consul, tu devais vaincre, hélas ! mais sur ta route
Pas plus que sur la sienne *(il désigne le mort)*, et sur Rome elle-même,
Toute la Vérité, dans son miroir suprême,
Ne reflétait les dieux certains de la Cité.
Rome mourra d'avoir renié l'Humanité.
Le triomphe, aujourd'hui, trouble tout jugement ;
Car je sais que ton cœur retrouve son tourment
Quand il se reconquiert, face à face avec soi.
Prends garde, Cicéron ! Déjà, depuis Sylla,
Trop de sang a coulé ; trop de fronts oublieux
Ont aussi trop renié l'âme et la Liberté.
Au Capitole altier, froid, vide, il se fait tard.
La Rome primitive, auguste sous les cieux,
Est morte au cercle étroit de ses anciens remparts.
Catilina succombe à cause d'un passé
Qui fut tumultueux, fréquemment insensé,
Mais tous, dans son erreur, vous avez votre part.
Celui qui dort ici reste à jamais un homme,
Par-dessus bien des noms que l'Histoire renomme..
N'insulte pas un mort qui te lègue César !

CICÉRON *(le regarde et passe lentement, sans répondre, puis, revenant au Taurobole, il fixe Catilina. Il fait un geste aux licteurs :)*

Qu'on lui coupe la tête et qu'on la porte à Rome !

(Tandis que les licteurs dénouent les faisceaux et que l'on se saisit déjà de la hache étincelante, la toile tombe. On entend, avant qu'elle n'ait rejoint le sol, un bruit double, lourd et sourd.)

FIN

Imp Schiffer, 56, passage du Caire Paris.

www.ingramcontent.com/pod-product-compliance
Ingram Content Group UK Ltd.
Pitfield, Milton Keynes, MK11 3LW, UK
UKHW020444180726
13839UKWH00004B/1625